大展好書　好書大展
品嘗好書　冠群可期

前　言

　　《岳氏八翻手》拳書出版，受到了武林友人的支持和幫助，也得到了廣大武林同仁的贊同和鼓勵。大家一致認為，岳氏八翻手拳，是一源流明晰，理法、功法、拳法系統完整，獨有風格的優秀拳種。岳氏八翻手拳能完善出版，是承啟傳統武術文化，弘揚中華民族精神，壯益人生的一件大喜事，它將使人們更強、更健、更美好地走向未來，走向世界，再現傳統武術精華之魅力。

　　在武術界領導和武林先輩的支持下，在廣大武林同仁的鼓勵下，以及同門師兄、師弟、師妹們的鼎力支持和協助下，《八翻手用法解析》一書，業已撰寫成冊。以期梓行。在編寫過程中，又得到了眾徒生們的熱情關懷和幫助，激勵我毫不保留地完善、整理、編輯了八翻手用法三百六十招式，析散手一千一百四十餘手；並錄輯了瀕臨失傳的八翻手七十二暗腿用法。它將使八翻手拳，更臻系統和完善。但是，由於我學八翻手拳，多為口傳身授，很少有文字記載，於整理有一定難度，此次整理、編輯《八翻手用法解析》一書，旨在繼承、弘揚和發展八翻手拳法，使這一傳統民間武術文化，在益人之健身延年，防身致用，和諧社會中奇葩異放。

　　岳氏八翻手用法解析，是岳氏八翻手拳、八翻套路中的精髓。它強力地突出了攻防技擊的實用性、技術性手法神妙莫測，無以用筆墨所能言盡，是謂武術之真義也。

　　八翻手拳，內容豐富，技擊性強，目前在全國各地廣泛流傳，尤其在山西太原流行較廣。此乃前賢王新午先生之首功也，繼之余師郝學儒、薄應遜、李雲龍、王錦泉等諸先師，數十年不遺餘力，辛勤競業，不以其術自私，巨力推廣普及，傳授技藝，育德育人，品學之高與功行比併，今人敬佩難忘。

　　諸先師不僅精於八翻手拳，兼精於太極、形意、八卦、少林之神髓，是山西武林名師之佼佼者。投其門下者，更是不乏其人。尤以王錦泉先師為優，繼其師王新午先生編著《岳氏八翻手》一書後，繼將岳氏八翻手拳，一翻、二翻、三翻手，二十四路拳法編輯出版，以補其師王新午前賢之遺志。尚餘岳氏散手三百六十招，太極散手未能親自撰寫出版，深為憾事！

　　余今編輯三百六十招式，八翻手拳用法，即為回報先師教誨之恩，以完成先師生前未酬之志，使中華武術之優秀遺產，發揚光大，造福於民，留傳後世。

　　本書繼《岳氏八翻手》書後而作，招式名稱順序，均依八翻手拳路名稱順序而錄，以示八翻手固有之道義，便於記憶、領會。

　　本書注重實用，於散手應用析手詳敘，皆為有顯著效能之技擊法，且可實用於推手術中，請讀者予以注意。

　　本書中招式之名，因學之不全，加之余有憶忘之過，

招名不妥之處，敬請讀者多予諒解、指正。

　　本書中攝影配合演練者，為同門師弟薛文江。特書以致謝。

　　本書在先後編輯時，參加演練、繕校，幫助攝影者，有同門薛文江、梁保才、王連恒、徐合林、劉瑞青、劉素貞、張瑞蘭、胡嵐平、程建華、劉俊芝、陳玉鎖、韓永勝、張冬生、王作俊、滕軍、趙慈、董翰斌、劉浩利、任曉原、殷焰、魏征等，特書於此，永志不忘。

目　錄

第一章

武術源流與八翻手

第一節　相傳武術之源

中華武術歷史悠久，源遠流長。遠史因無文可考，故武術之源流，歷代依師門相傳。相傳武術始於上古之導引術。古代醫藥尚未發明，人之生病，則俯仰作勢，以意導氣，使血脈通暢，而病自失，以繼針砭所不及。學者依為難老之法。後漢華佗以五禽戲經授吳普，普行之，九十餘歲而顏髮不衰。此即古導引之遺法。

相傳五代之季，達摩入少林寺創羅漢功、易筋經，而作五拳，宋岳武穆因學達摩易筋經，而創雙推手法，是皆注重應用，由體育發展而為武術。

由此可見，達摩所傳之法，僅從事於體魄之鍛鍊，以安精神之修養，並未涉及武術。而前於達摩者，雖有流傳，但無系統之可考。後之者就其法演進以為世倡，是以言武術者咸宗少林。而少林之傳，必推達摩為開山祖。相傳武術分內外二家。言外家者，多祖少林，以少林武術，

甲於天下也。外家者，出家之意，以示別於在家者也。

　　元季明初，有武當丹士張三豐，精於少林，復從而翻之，能以靜制動，名曰內家，相傳即今之太極拳，世遂於武當派稱之。又如宋岳武穆之形意拳，清董海川之八卦掌，及各家鉅子，代有創作，流傳至今，派別滋多，分道揚鑣，世並稱為內家。

　　內家外家，乃在家出家之意。凡在家練武術者，雖非武當，亦內家也；凡出家之練武術者，雖非少林，亦外家也。內功外功之意，非指內家外家而言，惟視其所練之術而定。

　　無論武當少林及任何派別，其專主鍛鍊筋血、骨骼、皮膚者為外功；其專主鍛鍊臟腑、神經、感覺，所謂精、氣、神者為內功。但專主練外功者，其內部未必不練，絕無精氣神不動，而筋肉、骨骼、皮膚可單獨自動者。唯練內之成分少，練外之成分多。專練內功者，其筋骨皮膚決不能不牽動，唯練外之成分少，練內之成分多。此特就專者而言。凡功深者，無不內外俱練而後有成。則所謂專練者，尚非完全之法。

　　岳氏散手拳，岳氏八翻手拳，相傳宋岳武穆得散手法於麗泉山僧，謂即達摩祖師之所傳。師門傳為少林之嫡系，即均為相傳，無系統之可考。今之八翻手拳，歷經諸先輩數十年苦心研求，參以內功拳法之精義，強調招式與呼吸之配合，係內外兼修，快慢相兼，神聚勁順，剛柔相濟之拳法，健身致用，綽有餘裕。

第二節　武術之本源

武術者，武打格鬥之技術也。散手者，各招各式單獨使用之謂也。傳統武術中，各拳種所含之招式手法，即是武術。

在自然界，凡有生命之物，即有其反侵害護身之能。若為能動之物——動物，都有其自衛格鬥之技能。自有人類始，人類為了生存，長期進行著人與獸爭，進而人與人爭，於是擇其確切能施於實用鬥爭應用方法，編為定式，從事教習，是即武術之嚆矢。其相傳之跡，雖不得而詳，然逢蒙學射於羿（《漢書・藝文志》，有逢門射法，即逢蒙）。庾公之斯，學射於尹公之他，尹公之他學射於濯孺子，厥後，蓋聶荊卿源淵有本。則武術之興創，始於有信史之前，並非創自一人也。

昔聞許禹生前賢言之：「武術乃人所編創。先覺覺後覺。」又如岳氏散手拳，最初得法僅九手，經歷代相傳，一手變為二十手。於清同治之際，有河北雄縣劉仕俊先生，得其真傳，授此拳於北京護軍營，計有手法一百八十手。左右散練衍為三百六十手，雖相傳遞嬗之跡不詳，亦決非一人所創，但信為歷代武林賢眾之舉。群眾是真正的英雄。

武術是搏鬥經驗的總結和再應用。在漫長的發展歷程中，武術擔負著防身禦敵，除暴安良，保家衛國，反侵略的光榮使命。在中國傳統文化的長期哺育下，經過反覆的

磨鍊，使其形成了多拳種、獨具特色的傳統武術。實際戰鬥的應用，傳統武術突出了攻防技擊之能，從軍旅到民間，從教頭到拳師，從鏢客到賣藝人，無不以武術技能貢獻於社會。傳統武術是技能的武術。

隨著社會發展、科技進步與經濟的繁榮，技能武術失去了在戰爭中相對的重要性，但作為健體和防身的技藝，仍然受到人們的喜愛。依其深厚的武術文化底蘊，豐富的武術文化內涵，是任何一種體育項目所不能比擬的。它的文化魅力和教化功能，將在弘揚民族精神，傳承民族文化的偉大使命中煥發光彩。

人們物質文化的滿足，促進了精神文化的追求。在「發展體育運動，增強人民體質」的偉大號召下，武術突現了它的體育功能，用於健身和比賽，走進了學校和競技場。在健身養生的導引下，武術又突出了致用養生健身，從事體魄鍛鍊，以安精神修養；注入了氣功導引、易筋、洗髓、八段六字內容，是為體育的武術。

隨著時代的進步，武術的發展進入了更強、更健、更巧、更準、更美相統一的階段。武術水準的提高，在於人身之本能的認識和開發。武術源於術能。

第三節　八翻手拳法溯源

八翻手為少林派之嫡系，又名子母拳、子母連拳。古譜曰：「子母連拳上下翻，穿撐裹橫有展掩」；又曰：「一打子母緊相連，二進八快手肘膝。」相傳此拳為宋代

岳飛得散手法於麗泉山僧。其初僅九手，其中上盤三手，中盤四手，下盤二手，左右互換皆為散練手法。後來逐漸發展，每手各演化為二十手，更分左右衍為三百六十手。其步多為側身半馬步，步法多以足尖由外，弧形向內勾盤進步，名曰：勾腿盤旋法。因其皆為散練手法，後人名之曰：岳氏散手。

此拳主要流傳在中國北方各省，以北京、河北保定、博野等地，及山西太原最為廣泛。陝、甘、寧、青四省亦有流傳。由於地域及流傳不同，內容也不盡相同。

北京流傳的八翻手，大約是在清朝末年興起的。清同光之際，有河北雄縣劉仕俊先生，精岳氏散手，授徒於北京護軍營，計有手法一百八十手。

後有大槍劉德寬慕此拳，遂拜在劉仕俊門下學習，頗有造詣。由於此拳手法繁多，且散練手法雜亂，不易領會記憶，劉德寬先生，便潛心研究，系統整理，變繁為簡，將三百六十手，依原九手納為八法：

（一）攻防並用法；（二）正面捋打法；（三）撇身鑽打法；（四）擒鎖靠打法；（五）捆拿摔踢法；（六）捆鎖擠擲法；（七）截拿捆打法；（八）封手掩打法。每法翻為八路，編為八翻。

大約在1898年前後，始祖劉德寬傳授八翻手拳，原傳一翻八路名稱即：

一路掙捶式；二路進退連環；三路回身摟打；四路肘底捶；五路雙推手；六路捆鎖擠靠；七路琵琶式；八路掩肘架打。

　　授徒許禹生、劉恩綬等人。之後許禹生、劉恩綬等人,在北京創立北京體育研究社,以岳氏八翻手為教課,廣泛傳授此拳,為八翻手之源泉。

第二章

八翻手用法述真

第一節 八翻手拳用語譯義

八——數目字。以八數計量為拳中定數。

翻——變翻，折翻變化之意。翻為拳中之宗旨。

手——拳中所用之方法。

八翻手——即以八數為定數，以翻為宗旨，折翻所用方法為手，故名八翻手。

路——道路，八翻手拳法，折翻變化之途徑稱路，故有八翻六十四路拳法。

招式——也稱招法，或稱手法。八翻手拳是以一百八十招式編創組成，左右演練，衍為三百六十招式。

手法——也稱招法，與散手之手有別。

散手拳——此拳原僅九手法，是為母手，後一手演變二十手，以其變化無窮而名，稱為子母拳。以一百八十招法為拳，稱為夫子拳。也有稱謂連拳。因源於岳家散手，故人稱岳氏連拳。此稱法均在八翻手拳編創定名之前。它於岳氏八翻手拳法有區別，共稱一拳不妥。

散手——即一招一式單獨使用之謂也。在八翻手拳中，散手稱子式。子母拳、夫子拳，其拳都由子式組成。八翻手拳中之「手」字，也有子式之含義。析手即是解析招法中之散手。

吃裡——我手進入敵臂之內，稱為吃裡。

吃外——我手進入敵臂之外，稱為吃外。

第二節　八翻手拳內容名稱順序

八翻手拳，以八字為定數，依八法為統系，歸納整理編創了八翻手拳，八八六十四路拳法，包含了一百八十招式，更分左右，衍為三百六十招式，是劉德寬始祖之壯舉。王新午賢師言：「拳路之編創，包羅富有，能盡通之者，蔚為全才。」

一百八十招式，包含在八翻六十四路拳式中，其動作名稱與套路相符合。而招式之名，由於吾師所傳不全，加之余有憶忘之過；也有師傳招式時，並未傳招名，因此一百八十招名，除部分師傳之外，其餘之招名，是依據動作之名稱，並參改其他拳種通用之名而創立。

所以，招式名稱相同，而實際手法操作有別，敬請武術界同仁前輩雅鑒。

一、一翻手

八路，解招 35 招式，析散手 122 手。

一路名稱：抱拳挣捶式

解招六式：1. 金蟬脫殼；2. 側蝶戀花；3. 囊中取物；4. 金絲纏腕；5. 你來我往；6. 斜十字捶。

二路名稱：進退連環式

解招四式：1. 仙人捋鬚；2. 捋鬚打額；3. 推山入海；4. 紫燕投懷。

三路名稱：撇身捶式

解招三式：1. 吞身吻別；2. 順手牽羊；3. 高挑低進。

四路名稱：葉底藏花式

解招二式：1. 攀枝摘桃；2. 葉底藏花。

五路名稱：仙人掌舵式

解招四式：1. 斧劈華山；2. 閃通臂式；3. 螃蟹合甲；4. 鳳鳴出巢。

六路名稱：霸王捆豬式

解招四式：1. 橫衝直撞；2. 金剛扭鎖；3. 合抱太極；

4. 狸貓戲鼠。

七路名稱：二龍戲珠式

解招四式：1. 抓枝砍柴；2. 二龍戲珠；3. 金雞捏嗉；4. 引臂截折。

八路名稱：擺肘壓打式

解招八式：1. 海底炮式；2. 沖天炮式；3. 仙人指路；4. 披身插袋；5. 插袋打肋；6. 掩手三捶；7. 丹鳳朝陽；8. 古樹盤根。

二、二翻手

八路，解招 14 招式，析散手 45 手。

一路名稱：上步雙顛捶式

解招二式：1. 勾截連環；2. 披身顛砸。

二路名稱：退步雙顛捶式

解招二式：1. 金蛇盤柳；2. 金蛇出洞。

三路名稱：上步挎打式

解招二式：1. 四正連環；2. 順肩襯肘。

四路名稱：退步挎打式

解招二式：1. 吞身顧打；2. 斜行炮拳。

五路名稱：挫臂式

解招一式：迎風挫臂。

六路名稱：迎風震葉式

解招一式：迎風震葉。

七路名稱：霸王撐舵式

解招二式：1. 霸王撐舵；2. 混水摸魚。

八路名稱：**順水推舟式**

解招二式：1. 順水推舟；2. 逆水行舟。

三、三翻手

八路，解招 19 招式，析散手 62 手。

一路名稱：**連環捶式**

解招二式：1. 捋變連拳；2. 藕斷絲連。

二路名稱：**進步連環捶式**

解招二式：1. 連珠炮捶；2. 趕盡殺絕。

三路名稱：**提手式**

解招二式：1. 欲實先虛；2. 以虛帶實。

四路名稱：**探馬式**

解招二式：1. 拉韁探馬；2. 信馬由韁。

五路名稱：**戳腳式**

解招二式：1. 反膊鎖銬；2. 戮力同心。

六路名稱：**進步踢腳式**

解招三式：1. 灰鶴啄食；2. 黑蟻拖食；3. 玉兔蹬鷹。

七路名稱：**黑虎掏心捶式**

解招三式：1. 烏鴉登枝；2. 烏鴉分枝；3. 黑虎掏心。

八路名稱：**迎風剪腕式**

解招三式：1. 閃法三把；2. 黃蜂入洞；3. 迎風剪腕。

四、四翻手

八路，解招 23 招式，析散手 75 手。

一路名稱：**貼身靠打式**

解招三式：1. 紫燕啄泥；2. 順風拂塵；3. 搖身展力。

二路名稱：艄公搖櫓式

解招三式：1. 白蛇伏草；2. 移枝接桃；3. 單鞭打虎。

三路名稱：抬頭望月式

解招三式：1. 順手偷桃；2. 獅子搖頭；3. 推窗望月。

四路名稱：兩節鞭式

解招二式：1. 指天畫地；2. 蟄龍升天。

五路名稱：單鞭式

解招三式：1. 撥雲見日；2. 螳螂捕蟬；3. 猛虎出柙。

六路名稱：抱腰靠式

解招二式：1. 五龍纏腰；2. 黃龍轉身。

七路名稱：披身伏虎式

解招三式：1. 蟄龍出現；2. 托槍打虎；3. 返臂雙劈。

八路名稱：展翅飛翔式

解招四式：1. 孤雁出群；2. 移手平展；3. 二虎爭鬥；4. 展翅飛翔。

五、五翻手

八路，解招 23 招式，析散手 65 手。

一路名稱：捋拿踹踢式

解招四式：1. 肘底進拳；2. 青龍返首；3. 青龍轉身；4. 起腳蹬踹。

二路名稱：揚鞭拌馬式

解招二式：1. 提籃看花；2. 十字披紅。

三路名稱：擰身分踢式

解招三式：1. 黑熊探掌；2. 黑熊返背；3. 飛腳奪門。

四路名稱：捆鎖裡踢式

解招三式：1. 猛虎攔路；2. 老叟披衣；3. 野馬踢蹄。

五路名稱：轉身擺蓮式

解招三式：1. 老君伏虎；2. 聖人拱手；3. 迎風擺蓮。

六路名稱：膝頂胯撞式

解招二式：1. 鐵門閂鎖；2. 鐵牛耕地。

七路名稱：倚蹬上馬式

解招三式：1. 黃龍探抓；2. 拉馬倚蹬；3. 快馬加鞭。

八路名稱：分手奔踢式

解招三式：1. 朝天蹬腳；2. 魚跳龍門；3. 蛟龍入海。

六、六翻手

八路，解招 22 招式，析散手 63 手。

一路名稱：抱虎歸山式

解招三式：1. 順蔓摸瓜；2. 順風扯旗；3. 伏虎奔山。

二路名稱：金雞獨立式

解招二式：1. 金龍纏柱；2. 臥龍戲水。

三路名稱：捆鎖擠擲式

解招三式：1. 抹雲蓋月；2. 暗度陳倉；3. 地震山崩。

四路名稱：排山尋路式

解招三式：1. 穿雲見日；2. 猛虎伏槽；3. 水拍崖山。

五路名稱：童子拜佛式

解招三式：1. 照前顧後；2. 馬上拜佛；3. 虎踞龍盤。

六路名稱：青龍探爪式

解招三式：1. 就地生風；2. 青龍探爪；3. 惡龍鬧海。

七路名稱：海底撈月式

解招三式：1. 行步撩衣；2. 海底插針；3. 海底撈月。

八路名稱：提手衝拳式

解招二式：1. 金剛搗捶；2. 流星趕月。

七、七翻手

八路，解招 22 招式，析散手 75 手。

一路名稱：滾肘雙砸捶式

解招三式：1. 老君封門；2. 橫舟搖渡；3. 羅漢擊鼓。

二路名稱：虎抱頭栽捶式

解招三式：1. 五龍爭珠；2. 提籃掛臂；3. 夜虎出林。

三路名稱：白猿獻果式

解招三式：1. 奪步沖天；2. 霸王卸甲；3. 麻姑獻壽。

四路名稱：左右打虎式

解招四式：1. 猿猴墜枝；2. 金剛伏虎；3. 左右打虎；4. 猛虎奔嶺。

五路名稱：彎弓射虎式

解招二式：1. 伏虎待機；2. 彎弓射虎。

六路名稱：一字捶式

解招二式：1. 關門打狗；2. 二郎擔山。

七路名稱：猛虎撲食式

解招三式：1. 惡虎探爪；2. 懶漢作揖；3. 餓虎撲羊。

八路名稱：野馬闖槽式

解招二式：1. 野馬闖槽；2. 走馬活夾。

八、八翻手

八路，解招 22 招式，析散手 63 手。

一路名稱：穿梭捶式

解招三式：1. 毒蛇探馬；2. 架樑穿椽；3. 鳳凰奪窩。

二路名稱：三環套捶式

解招三式：1. 雄鷹展翅；2. 通天奪地；3. 烏龍入洞。

三路名稱：似封似閉式

解招三式：1. 白蛇吐信；2. 攜帶捆腰；3. 雙龍出水。

四路名稱：野馬並蹄式

解招三式：1. 金娥吸血；2. 海底尋花；3. 躍馬奔澗。

五路名稱：三盤落地式

解招三式：1. 先禮後兵，2. 三盤落地，3. 推山填海。

六路名稱：反背降龍掌式

解招二式：1. 大鵬抖翎；2. 蛟龍翻江。

七路名稱：戀肘搬攔捶式

解招二式：1. 羅漢拉馬；2. 撥草尋蛇。

八路名稱：樵夫挑柴式

解招三式：1. 托心印掌；2. 樵夫挑柴；3. 霸王作揖。

上述 180 招式，析散手 570 手，左右衍為 360 招式，1140 散手。但由於實際運用時，條件是千變萬化的，所以散手的變化是無窮盡的，決非 570 手之數。然得此已足升堂入室。有望學者慎惜之，求研之，使發明而光大之。

第三節 八翻手拳功法修煉述要

一、八翻手拳之特色

八翻手拳，以其專擊敵人之要害，毀傷敵人之四肢為特長，以其簡而易習，樸實無華，內涵豐富，講求實用，剛柔進退，以術制人，捋手當先，尤為獨到。

後經紀子修、許禹生、吳鑒泉、劉恩綬、王新午、郝學儒、李雲龍、王錦泉等諸先輩，數十年之苦心研求，參以太極拳、形意拳剛柔相濟之精義，以內煉鼓蕩之氣，煉氣、煉勁，以外練拳路姿勢，練招、練功。

就招而勁，借勁以用招。內外兼修，快慢相兼；招勁神聚，剛柔相濟。輒翻變化，其勁不斷，是八翻手拳之特色風格，強調以鬆、順、送三字為功，以達大成，是最具有中華傳統武術文化特色的功夫拳。

二、八翻手拳之功法

功法之要，在於內外兼修，外則運動其筋骨，內則充實其氣。煉氣之法，務須與招法、姿勢、手足之動作相結合，內外始能一致。手足動作之往復，呼吸相間，上下、左右、前後、開合毫不絮亂。

同時，以意運內臟之體，隨動作方向鼓蕩開合，以助招式，是內外同時俱動。雖起伏折疊，扭轉變化，應呼應吸，絲毫無誤。但呼吸與姿勢動作相合，則姿勢之動作，

自然因呼吸而整齊雄壯，是謂之整勁也。

三、八翻手拳之勁法

八翻手拳，所稱之勁，除以普通力量解釋外，是由功深練出之靈敏、活潑之方法，謂之勁；有意識之力量，謂之勁。而其妙則千變萬化，未可以言語論也。

勁之所成，是由招式與感覺共同鍛鍊而成。招式者，即八翻手拳路中，所具攻防搏擊之各種方法。招式各個連貫練習，即為姿勢。

感覺者，即體悟也，是招式姿勢之運動，及各種內臟運動之體現，即內功也。內功言勁，非不講招，是招為勁之先，用招必合乎勁，以勁為主，以招為副。而練勁必先練招。練招之法，必求姿勢，姿勢正確，則招發必中。

因此，學八翻手拳者，應先求姿勢正確，次求招法應用，就招而生勁，借勁以用招。

招法既熟，則應練習應用捋手。捋手之法，必須符合實際應用，接手必捋，快接快捋，慢接慢捋。捋手之法練成，則其餘招法應用，毫不費心機。故應以兩人練習，以合實際之法。

其竅要，即「沾黏連隨」四字也，可於推手中抉取。得機得勢施入八翻手之功勁，為無不勝之法。

第三章

八翻手用法解析

第一節　一翻手攻防並用法

1. 招式名：金蟬脫殼

動作名：舉臂撅臀

設敵從背後連臂攔腰摟抱（圖3－1），我即以兩臂猛向頭上方挺舉；同時，臀部猛向後撅（圖3－2）。次繼抱拳下蹲，猛撞擊敵腹部（圖3－3）。

圖3－1　　　　　圖3－2　　　　　圖3－3

散手應用（析3手）

敵若攔腰摟抱時：

（1）我即以雙臂向上挺舉撅臀，撞擊敵腹部。

（2）或以我兩手扣敵十指，兩肘平抬外撐；同時，下蹲撅臀，猛擊敵腹部。

（3）當敵手開脫時，即以撒步下勢，兩手拍地撅折敵臂。

2. 招式名：側蝶戀花

動作名：抱拳截擊

設敵用直拳向我胸頭打來（圖3-4），我即以兩臂抱拳上舉，撐身攔截（圖3-5）。同時，以右（左）反背拳顛擊敵面鼻（圖3-6）。

圖3-4

圖3-5

圖3-6

散手應用（析 3 手）

敵若用右直拳當胸打來：

（1）我即以兩手握拳上舉，向左擰身吃裡截攔敵臂；同時，以右反背拳擊敵面鼻。

（2）敵若用左拳擊來，我即向右擰身，吃裡截攔敵臂；同時，以左反背拳擊敵面鼻。

（3）敵若用雙拳貫擊我頭耳，我即以兩手抱拳上舉，左右分別截攔敵臂；同時，起腳蹬踢敵襠或頭胸，亦可用膝頂擊。

3. 招式名：囊中取物

動作名：抱拳擰折

設敵用右直拳向我胸部擊打，我即閃身屈肘抱拳，緊夾敵臂（圖3－7）。繼以左（右）轉身撅折敵臂肘腕部（圖3－8）；或吃裡抱夾，右轉身，以左手下抓擊敵腹襠部（圖3－9）；左轉身，以右拳、肘沖頂敵頭、心處（圖

圖3－7   圖3－8

圖3-9　　　　　　　　　　　圖3-10

3-10)。

散手應用（析4手）

敵以右直拳當胸擊來：

（1）我即向左閃身；同時，兩手抱拳屈肘，上夾敵右臂，復向右擰身，撅折敵臂。

（2）俟敵臂傷痛時，貼身屈肘頂擊敵腋肋處。

（3）如以左拳吃裡，右拳吃外上夾敵臂，即向右擰身撅折敵臂。

（4）若以右閃身，右拳吃外，左拳吃裡，即以右伏身撅臂，並以右手向下採擊敵襠部。

4. 招式名：金絲纏腕

動作名：領手掙捶

設我左（右）手腕被敵左（右）手擒握（圖3-11），我即順勢後撤被擒之肘，隨之擰身纏腕，下壓敵

腕，另手可護腕，不使敵手脫（圖3－12）；同時，用寸勁掙捶前擊。前腳隨之衝進，以助掙勁（圖3－13）。

圖3－11

散手應用（析5手）

設敵以右手擒我右手腕：

（1）我即以左手扣擒敵右手背，以右手腕臂回撤外旋，使右拳心向上，並向前衝頂。

（2）我即以右臂裡旋，右腕背纏繞，貼壓敵手背向前下壓攦。

（3）若敵擒我右腕，用力擰捌時，我即隨順其力，以右腕裡纏繞，向上斜傾。並側閃進身，近貼敵身。以左

圖3－12

圖3－13

手托敵右臂肘部，兩手合力向前頂擊。

（4）敵右手擒我右腕，我即以右腕裡纏繞，以左手握敵手掌，大拇指頂壓敵手腕背，向左外下方領捌。

（5）或以我兩手握敵手掌，以兩拇指頂壓敵手背，向前下摵捌。

5. 招式名：你來我往

動作名：拗步截擊

設敵用右腳向我胸、頭部踹踢（圖3－14），我即移步左轉身閃進；同時，抱拳屈肘，向左劃弧攔挑敵來腿（圖3－15），並以右肘向敵大腿內側頂擊；或用右拳顛擊（圖3－16）；或用右腳踹踢敵支撐腿膝關節，或大腿內側（圖3－17）。

散手應用（析3手）

設敵用右腳向我胸、頭部踹踢時：

（1）我即左腳移步，左轉身閃進。同時，抱拳屈肘

圖3—14　　　　　　　圖3—15

圖3—16   圖3—17

向左劃弧，攔挑敵來腿；並以右肘尖頂擊敵大腿內側。或
用右拳顛擊。

（2）或以我右腳向敵支撐腿內側，或膝關節內側橫踹
踢。

（3）閃身進，近貼敵身，右腳前進一步，踩入敵襠。
同時，右拳向前直衝敵胸。

6. 招式名：斜十字捶

動作名：下截挣捶

設敵用左拳順步向我胸心部擊打（圖3－18），我即
以左手攔壓敵左拳或腕，以右手托敵左肘尖，上舉敵左臂
（圖3－19）。隨即向左擰身，兩手以拳按壓下截敵臂（圖
3－20）。繼以右腳前移步；同時，兩拳前後十字挣捶打
擊（圖3－21），前拳擊敵胸心，後拳挑領甩力。

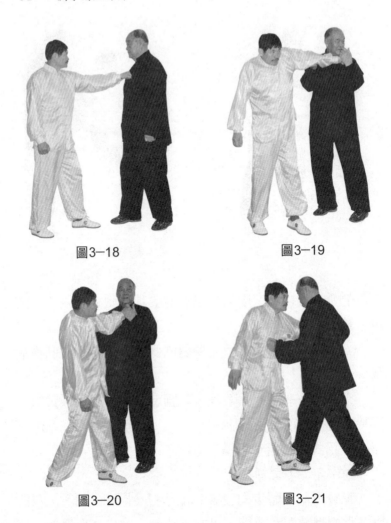

圖3-18　　　　　　　　　圖3-19

圖3-20　　　　　　　　　圖3-21

散手應用（析3手）

設敵用左拳順步向我心胸擊來：

（1）我即以左手攔壓敵左拳或腕，右手托敵左肘尖，上舉敵左臂，兩手合力前頂。

（2）即以右手攔壓敵左腕，左手搬扣敵左肘尖；同時，右手擒敵腕，外搬前推，左手裡搬，捌折敵臂。

（3）以左手攔壓敵左拳，右手搬扣敵左肘部；同時，右手勾拳後甩，左手以拳前衝，並前移右腳助勢。

7. 招式名：仙人捋鬚

動作名：捋手撲面

設敵右手被我捋住（圖3－22），我即上左步，以左撲面掌擊敵面（圖3－23）。撲眼則淚，撲鼻則血，撲額則敵仰面。隨即按抹使之倒；同時，右捋手提手前推（圖3－24）。

圖3－22

圖3－23

圖3－24

散手應用（析 3 手）

設敵右手被我捋住：

（1）我即以右捋手貼近敵身，向下捋採，制敵半身不遂。若敵力掙，即順其力應變施擊。

（2）捋制敵身時，即上左步，以左掌撲擊敵面，隨即施按抹法，使敵倒地。

（3）以左撲面掌按抹，右捋手上提。撤左步，左轉身，致敵倒跌。

8. 招式名：捋鬚打額

動作名：擒腕齊眉捶

設敵右手被我捋住，以左撲面掌虛驚敵面，誘敵以左手抵攔（圖 3－25），我即以左手捋敵左腕，向左下方捋擒；同時，右捋手上提敵右臂（圖 3－26），釋右手以拳反背，向敵左額角擊打（圖 3－27），敵必重傷。練時慎之。

圖3－25

圖3－26

散手應用（析３手）

設以我右手捋住敵右腕，以左撲面掌擊敵面，敵若以左手抵攔：

（１）即以左手捋擒敵左腕，向左下方捋捌；同時，右捋手上提，使敵左臂壓住敵右臂。以左腳踢撲敵右腿，致敵倒跌。

（２）向左下方捋捌敵左腕，釋右手以掌向敵左肩頭推擊，致敵遠跌。

（３）或以右拳反背貫擊敵頭額，敵必重傷。

9. 招式名：推山入海

動作名：捋手推肩掌

設敵左手被捋住，即以右撲面掌擊敵面，敵以右手抵攔（圖３－２８），我即以右撲面掌，捋敵右腕前按至敵仰面。同時，以右腳勾掛敵左腿（圖３－２９）。敵若掙逃，我即左捋手上提，以左掌推擊敵右肩（圖３－３０）。

圖3－27

圖3－28

圖3—29 　　　　　　　　圖3—30

散手應用（析３手）

設我将敵左手，以右撲面掌擊敵，敵若以右手抵攔：

（1）我即順其力，将敵右腕，向敵左肩上将按，致敵仰面，左将手上提按敵右肘處。同時，以右腳勾踢敵左腿膕處，致敵後倒。

（2）以右撲面掌誘擊敵面，俟敵右手臂上抬抵攔，即以左将手上提敵左腕，向敵右上方将捌；同時，以右掌推擊敵左肩下、腋肋處。並以左腳進步，右腳跟進，以助力勢。

（3）以右撲面掌擊敵面，敵若以右手抵攔，我即以右手将採敵右腕，臂腕外旋，捌敵小臂，並以右小臂橫頂擊敵下頜，或脖咽處，左将手前推敵胸心部。進步衝擊，敵必遠跌。

10. 招式名：紫燕投懷

動作名：進步四平捶

設敵左手已被捋，我以右直拳擊敵頭部，敵以右手抵攔（圖3－31），我即以右手捋採敵抵手回帶，移左步坐勢，釋左手直拳擊敵胸肋（圖3－32）。凡與敵交手，若敵上身後仰，或上挑格我手，均可以此式擊打。節短而勢猛。

散手應用（析4手）

設捋敵左手，以右直拳擊敵頭部。敵若以右手挑格：

（1）我即以右手捋擒敵抵手回帶，進左步坐勢，以左拳直擊敵胸心。

（2）以左捋手上提敵腕，坐勢以右拳擊敵左肋。

（3）以右手扣壓敵左腕，騰左手直拳上沖敵頭。

（4）左拳上沖敵頭，敵若以右手攔挑，我即以左手擒敵右手回帶上架，以右拳衝擊敵胸心處。

圖3－31

圖3－32

11. 招式名：吞身吻別

動作名：回身架打

設敵從左側後方，用左拳向我肩頭部擊打（圖3－33），我閃撤左身，以左手攔敵左拳，右手屈肘格打敵臂肘關節（圖3－34）。敵回撤臂時，我即滾肘吞身而進，

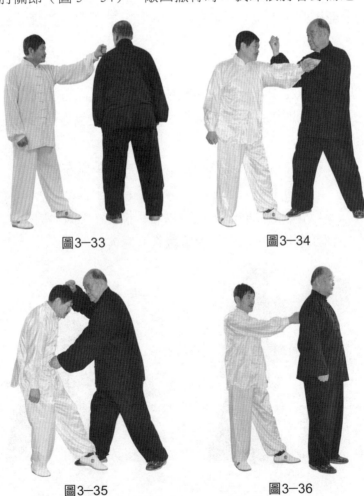

圖3－33　　　　　　　　　　圖3－34

圖3－35　　　　　　　　　　圖3－36

以左拳或掌擊打敵胸心部（圖3－35）。敵若從右側後用右拳打來（圖3－36），我即閃撤右回身，以左臂屈肘橫掩擊敵臂（圖3－37）。敵拳落空回撤，我隨其勁勢滾肘，托架敵右大臂（圖3－38）；同時，進步吞身，使我上身緊貼敵身。以右掌向敵襠部撩擊（圖3－39）。

散手應用（析5手）

設敵從左側後方用拳擊我頭肩：

（1）我即閃撤回身，以左手攔扣敵拳腕，以右臂屈肘格擊敵臂肘關節。

（2）若敵臂掙力回撤時，我即隨順敵勢滾肘上架吞身而進，以左拳向敵胸頭部衝擊。

圖3－37

圖3－38

圖3－39

（3）或隨敵力滾肘下壓，橫肘擠進敵身，以小臂橫擊敵項頰或咽喉處。

（4）敵從右側後擊打，我即回身以左臂屈肘橫擊敵，並向上挑架敵大臂，以右拳或掌撩擊敵襠部。

（5）或以左手搬攔敵臂，以右拳栽擊敵下腹部。

12. 招式名：順手牽羊

動作名：翻身雙捋

設敵從身後撲來擊打（圖3-40），我即以翻身撤步，以兩手倒捋敵臂，向我左（右）下方後捋（圖3-41）。敵必前跌（向右翻身撤右腳，向右下方捋；向左翻身撤左腳，向左下方捋）。翻身雙捋敵前傾未

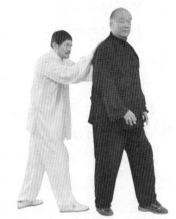

圖3-40

圖3-41

圖3-42

倒，我即以左手扣擒敵右手腕，擦地向左外劃弧（圖 3－42）；同時，左腳前移，右腳跟進；以右掌拗步向敵胸部推擊（圖 3－43）；或提右拳擊敵下頦（圖 3－44）。

散手應用（析 6 手）

設敵從身後撲擊：

（1）我即以撤步翻身，兩手捋敵腕臂，向我左（右）後下方捋按，致敵前傾栽跌。

（2）我以雙手捋擒敵腕臂，若吃外時，即雙手上提敵臂，轉身從我左（右）側肩上，向前下方捋摔，以肩撅折敵臂。

（3）若雙手吃裡擒捋右腕臂，即以右腳踩敵右腳外，拌敵腿腳，雙手向右前下方捋按。

（4）若雙捋敵腕臂前傾未倒，即以左手扣擒敵右腕，擦地向左外摟捋，移步以右掌向敵胸面部推擊。

（5）或以右手上提擊敵下頦。

圖3-43　　　　　　　　圖3-44

（6）或雙捋敵腕下按，改為上提，以左手托舉敵大臂，以右手掌推擊敵胸肋處。

13. 招式名：高挑低進

動作名：上步鑽打

設以右捋手下捋敵右腕，敵若有力向上掙挑（圖3－45），我即順敵抵抗之勁，上提架挑，以左拳進擊敵胸肋（圖3－46）；同時，衝步進身助力。

敵若落肘下防，我右捋手隨其下落，捯左手擒敵右腕，向左下方採捋（圖3－47）；同時，右手掌探撲敵脖後腦，下壓旋抹（圖3－48），致敵栽跌。

凡遇與敵手臂相搭時，無論敵用架、用搬，或擒握我手（圖3－49），我均可裡外走化，趁機進步鑽身，以拳擊打敵胸肋部（圖3－50）。

圖3－45

圖3－46

圖3—47

圖3—48

圖3—49

圖3—50

散手應用（析 6 手）

設以右手捋壓敵右腕：

（1）敵若掙扎抗力，我即順其力上提架托，以左拳進擊敵胸肋。

（2）敵若落肘下防，我右捋手隨其下落，捯以左手擒敵右腕，向左下方捋採；以右掌上托敵下頦，向後旋抹。

（3）或左手捯擒敵右腕，向左上方捋捌；以右掌探抹敵後腦、脖頸前按，致敵栽跌。

（4）與敵右手腕相搭，即以右腕裡旋走化，摯握敵腕，以左手上托敵右大臂，以右拳前擊敵胸肋處。

（5）敵若用力下搬捋，即以右腕外旋走化，捋擒敵腕由下向右側高挑，以左拳進擊敵右腋下或肋處。

（6）敵若捋擒我右腕，即以腕臂外旋上鑽，擠頂敵手，左手內護助力。

14. 招式名：攀枝摘桃

動作名：捋扣貫耳

設敵以右直拳擊我胸膛（圖3－51），我以右手捋敵右腕，上左步扣敵右腿腳，以左手搬扣敵右臂（圖3－52）；同時，釋右手掌向敵左耳貫打（圖3－53）；或以釋左手上提擊敵面鼻（圖3－54）；或以探掌鎖喉托頦（圖3－55）。

圖3－51

散手應用（析 9 手）

設敵用右拳擊我胸膛：

（1）我以右盤步刁捋敵右腕，上左步以左手搬扣下壓敵右臂，釋右手以摜掌擊敵左耳，繼以左手提擊。

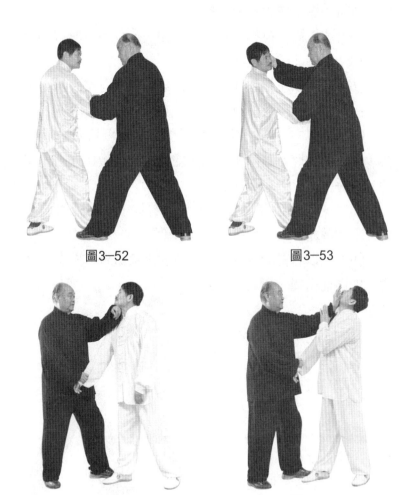

圖3-52　　　　　　　　　　圖3-53

圖3-54　　　　　　　　　　圖3-55

（2）或以左手扣敵右臂，向敵身後推按，以右手探掌鎖喉，托頦，制敵於股掌之間，使其不能反抗。

（3）若敵掙扎反抗，釋我兩手鬆制，敵必倒跌。

（4）以兩手捋扣敵右臂，坐勢按捋，致敵前傾。繼以撤步雙捋手擦地釋手，致敵撲跌。

（5）或以雙手捋扣敵臂致敵前傾，繼以撤步雙捋，一手後甩，一手前擊敵後腦脖。

（6）敵若以左拳擊我胸膛，即以右手攔捋敵左拳，左手捋捋敵左肘，致敵前斜傾時，以右拳反背擊敵面鼻。

（7）或以右手攔捋敵左拳下壓，左手捋捋敵左腕內側，釋右手以反背掌閃擊敵面，並翻掌撲摸敵頭向右；同時，左捋手提擒敵左腕向上。

（8）或以左手攔捋敵左拳，上右步，以右臂順肩襯肘，上挑敵左臂，進步雙手前撲擲敵。

（9）或以右臂順肩襯肘，屈右肘上夾敵臂，向右後回帶，即向前衝撞，以右拳擊敵左面耳。

15. 招式名：葉底藏花

動作名：攔腰捶

設敵右臂已被我捋扣，我以右摜耳掌擊敵左耳部，敵以左手挑格（圖3－56），隨其挑格掙扎，捋敵手後撤，致敵臂伸直（圖3－57），即以左手臂穿插

圖3－56

敵肘下上挑，以右拳橫擊敵肋（圖3－58）。

我捋扣敵右臂，以左反背掌上擊敵左耳臉（圖3－59）。

敵用左手抵攔（圖3－60），我即以右手上提敵右腕，架攔敵左臂，以左手屈肘向敵胸肋或心窩處頂擊（圖3－

圖3—57

圖3—58

圖3—59

圖3—60

61）；同時，扭腰轉身 90 度，兩掌推擊敵左肩肋（圖 3－
62）。

散手應用（析 4 手）

設敵右臂被我兩手捋扣，我釋右手以摜耳掌擊敵左耳
臉，敵以左手挑格：

（1）即隨其挑格之力，採捋敵左手腕後撤，以左手提
敵右腕，置敵左臂下方，屈肘上夾敵臂，右手擒敵左腕向
下前推，折撅敵臂。

（2）或釋右手，左臂上挑，向左擰身，以右拳橫擊敵
肋。

（3）或以左手扣敵右腕，釋右手反背掌擊敵耳臉，誘
敵左手抵攔，即以左手擒敵右腕上提，屈左肘橫撞敵胸，
右手撤於左腕內前推助力。

（4）捋扣敵右臂，釋右手反背掌擊敵右耳臉。敵若
以左手抵攔，即以左手上提，捯捋敵左腕，向左方捋推，

圖3－61

圖3－62

並以左腳腳尖上蹺，拌敵右腳；兩手掌齊向左方推擊。

16. 招式名：斧劈華山

動作名：捋手撲面掌

設以左捋手捋敵左腕，上右步，以右撲面掌擊敵面鼻
（圖3－63）；同時，左捋

手前推，右掌頂肘前逼，翻
手以拳下劈敵頭面（圖3－
64）。並跟步進身，致敵後
倒。

敵若以右手抵架（圖
3－65），我即以右掌翻掌
下按敵右腕前推（圖3－
66），左捋手按於敵腹前上
推；並進右步，跟左步助勢
（圖3－67）。

圖3－63

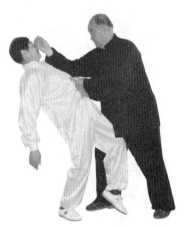

圖3－64

圖3－65

圖3-66　　　　　　　　圖3-67

散手應用（析 2 手）

設以左将手、右撲面掌擊敵：

（1）敵若以右手抵格，我即以右掌翻掌握拳，以右拳反背劈擊敵面胸；同時，左将手前推，並進步衝身。

（2）或以右掌翻掌握拳擒敵右腕，左将手上提，右拳下壓；同時，進步衝身，以兩拳向前下劈砸敵頭胸。

17. 招式名：閃通臂式

動作名：将手折臂掌

設以右手将敵右腕，上左步，以左折臂掌擊敵鼻，誘敵左手抵架（圖3-68）。隨即撤回左掌，以右将手上提敵右

圖3-68

圖3-69　　　　　　　　圖3-70

腕，挑架敵左臂（圖3－69），以左掌推擊敵胸肋處（圖
3－70）。

散手應用（析2手）

設以右手将敵右腕，以左折臂掌擊敵面鼻，敵若以左
手抵架：

（1）隨即撤回左掌，以右将手上提敵右臂，挑架敵左
臂上托，以左掌推擊敵胸心處。

（2）或以左手将敵左腕上托，釋右手推擊敵左肋處。

18. 招式名：螃蟹合甲

動作名：合手推山掌

設以左将手将敵左腕，上右步，以右撲面掌擊敵面，
敵以右手抵格（圖3－71），我即以右手将擒敵右腕，下
合於腹前，致敵兩臂交叉（圖3－72）。隨即兩手心上翻，
進步前推（圖3－73）。

圖3-71　　　　　　　　圖3-72

散手應用（析2手）

設以左将手将擒敵左腕，以右撲面掌擊敵面，敵以右手抵攔：

（1）即以右掌将採敵右腕，下合於腹前，兩臂交叉，兩腕臂外旋，扭捌敵兩臂，衝步向前推託。

（2）或以右将手外旋扭捌敵右腕，移右步回帶，釋左手以拳衝擊敵頭額或右肋。

圖3-73

19. 招式名：鳳鳴出巢

動作名：提手抱擲

設敵兩手被我将合成十字（圖3-74）。敵若抗力掙

圖3−74

圖3−75

扎，即隨其掙扎，由下合手擒，變為上提合手，進步按其兩手合力前推，或按推敵胸而擲之（圖3−75）。

　　散手應用（析2手）

　　設将敵兩手交叉於腹前，敵若掙扎抗力：

　　（1）即隨敵掙扎之力，由下合手擒，變為上提手，按其兩肘，進步合力前擲。

　　（2）或隨敵掙扎，甩釋敵兩腕，合掌雙推敵胸而擲。

　　20. 招式名：橫衝直撞

　　動作名：将手橫攔掌

　　設敵以右直拳向我胸膛擊來（圖3−76），我即以旗鼓勢格攔，鎖将敵右腕（圖3−

圖3−76

77）。上左步，以左横攔掌擊敵頭項（圖3－78）。

敵若以左手擒我左腕（圖3－79），我即向左方稍開左步，以左手斜領上架，以右拳栽擊敵左肋（圖3－80）。

圖3－77　　　　　　　　　　圖3－78

圖3－79　　　　　　　　　　圖3－80

散手應用（析 3 手）

設以右手捋擒敵右腕：

（1）即上左步，以左橫攔掌擊敵頭項。敵若以左手抵攔，我即翻左臂，以左掌按敵左手，致敵傾倒於我股掌之間。

（2）或致敵傾倒時，即以左臂屈肘，以小臂橫壓敵胸頸部，向前直撞；同時，衝步跟進以助力。

（3）若以左橫攔掌擊敵，被敵左手所擒，我即向左側方稍開左步，以左手斜領上架，以右拳栽擊敵左肋。

21. 招式名：金剛扭鎖

動作名：捆鎖手

設敵右腕被捋擒，以左橫攔掌擊敵面，敵若以左手抵攔（圖 3－81），我隨即以左手捋擒敵左腕，向左下方捋；同時，右捋手向上提擰，使敵兩臂十字搭壓（圖 3－82），左捋手向右前推敵左腕；繼以，釋兩手前推敵身擲

圖3-81　　　　　　　　圖3-82

之（圖 3－83）；或以左手捋擒敵左腕，推近敵身。敵若掙扎，釋右手拳擊敵左肋（圖 3－84）。

散手應用（析 4 手）

設以右捋手左橫攔掌擊敵面，敵以左手抵攔：

（1）即以左手捋擒敵左腕，向左下捋捌；同時，右捋手向上提撑，使敵兩臂交叉搭壓捆鎖，左捋手向右前推撑敵左腕，並釋兩手前推敵身擲出。

（2）或十字捆鎖敵臂，左腳向左方移步，右捋手擒敵右腕，向左方推壓。

（3）或十字捆鎖敵臂，釋右手以拳擊敵頭部。

（4）捆鎖敵臂敵若掙扎，即釋右手拳擊敵左肋，為最簡捷之法。

22. 招式名：合抱太極

動作名：滾擠手

設敵兩臂已被捆鎖（同圖 3－82），則釋右手順敵臂而上，至兩肘相交處，旋臂向外滾擠，左手按己右腕內，合力助勢（圖 3－85）；或以右手內抱合力，左手前推敵左腕（圖 3－86）；繼以兩手上提立身推擲。

散手應用（析 4 手）

設敵被我十字捆鎖：

（1）即以右腕臂擠壓敵左臂，釋左手按於右腕，合力擠擲。

（2）以右手抱搬敵左肘處，左手向前上推敵左腕，折撅敵臂。

（3）或以左捋手上提，扣擒敵右大臂，以我左腕壓擠

敵左腕，釋右手以拳擊敵腹或頭面。

（4）捆鎖敵臂，敵若掙扎，即以左捋手上提，扣鎖敵右大臂，右捋手上提，折扣敵左小臂，以兩腕臂翻滾，擠擲敵遠跌。

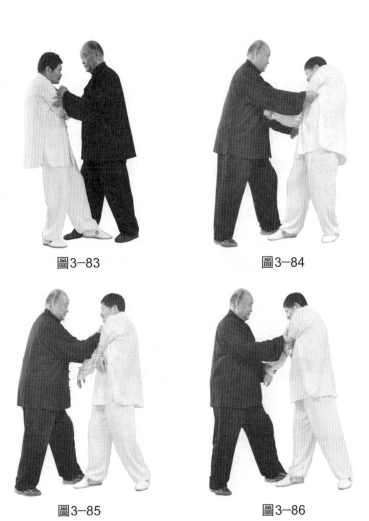

圖3-83　　　　　　　　　　圖3-84

圖3-85　　　　　　　　　　圖3-86

23. 招式名：狸貓戲鼠

動作名：釋擊手

設敵手臂已被捆鎖（同圖3-82），若敵愈掙脫兩臂，猛力上挑時，我即釋兩手，使敵兩手臂向上滑脫；同時，我兩手以掌向敵胸面部撲擊推按（圖3-87）。

散手應用（析2手）

設敵手已被捆鎖：

（1）敵若掙扎上挑，我即釋兩手向上扔擲；繼之進步下甩手。

（2）或釋甩兩手，使敵兩臂向上滑脫，即以兩掌合力向敵胸面部撲擊推按。

24. 招式名：抓枝砍柴

動作名：捋手截捶

設敵用左拳來擊，我即以左手捋敵左腕（圖3-88），以右拳截砸敵左臂彎處，或上臂中間，及肘後麻筋

圖3-87

圖3-88

（圖3-89）。截臂之拳若近身，則劈頭而下，終達於臂，此招尤凶。

　　若左手捋敵左腕，不及施招，敵右拳已來擊（圖3-90），我即以左捋手上提敵左臂架攔，敵拳自截其臂（圖3-91）；或左捋手上提，以右手托敵左臂肘處，兩手合力折截敵臂（圖3-92）。

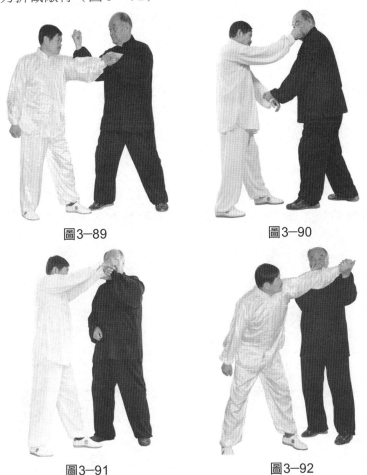

圖3-89

圖3-90

圖3-91

圖3-92

敵掙脫時，釋左手橫掌切擊敵左肋（圖3－93）。

散手應用（析4手）

設以左手捋敵左腕：

（1）左捋手上提擰捌，以右拳截砸敵左臂。

（2）左捋手上提，右手托敵左臂肘處，兩手合力折截敵臂。

（3）或捋敵左腕，敵右拳來擊，我即以左捋手上提，攔架敵右擊拳，即以右掌橫切擊敵左肋。

（4）或以右手接握敵左腕，騰左手順敵左臂，以橫掌切擊敵脖頸；繼以橫掌摸敵頭下按，右捋手上提致敵栽跌。

25. 招式名：二龍戲珠

動作名：探指戳目

設左手捋敵左腕，上右步，以右手扣敵左臂捋按，致敵前傾（圖3－94），釋左手探指戳挖敵兩眼（圖3－

圖3-93

圖3-94

圖3-95　　　　　　　　圖3-96

95）。敵頭後仰傾，即釋右手，以橫掌切擊敵咽喉部（圖
3-96）。

散手應用（析2手）

設以左捋手、右扣手捋按敵左臂：

（1）即以左手探指戳擊敵雙眼，繼以坐掌拓印敵嘴鼻
處。

（2）若敵後傾頭逃避，即釋右手，以橫掌推擊敵脖咽
喉部，同時左手掌推擊敵胸；衝步進身，致敵遠跌。

26. 招式名：金雞捏嗉

動作名：探掌鎖喉

設左手捋敵左腕，上右步，以右手扣敵左臂，即釋左
手，以探掌五指前抓敵面目（圖3-97）；或鎖喉托頦，
即以右手擒敵左臂，向敵身後推按（圖3-98）。

圖3-97　　　　　　　　圖3-98

散手應用（析3手）

設以左手捋敵左腕，以右手扣敵左臂：

（1）釋左手以探掌，向前五指戳挖敵面目；或以掌根上托敵下頦。

（2）或用左手前探鎖喉，以右手擒握敵左臂，向敵身後推按。

（3）我探掌被敵按扣住，即以翻手旋轉，以拳鑽擊敵脖項。

27. 招式名：引臂截折

動作名：抱肘直打

設敵用左拳當胸擊來，我即以右手搬扣敵左腕臂，以左手探掌戳擊敵面鼻（圖3-99）。

敵若以右手抵攔，我即捋敵右手回撤，牽引敵臂伸直（圖3-100），即以右臂屈肘抱夾敵臂，擰身外挑，截

折敵臂（圖3－101）；繼以雙拳前擊敵胸肋。

　　若以右手搬扣敵左臂，敵右拳又擊來（圖3－102），我即以左手稍向外格，釋右手穿插敵右肘後腋下，屈肘上夾敵右臂，向右外滾挑，或採敵衣袖纏手向右纏拿（圖3－103）；繼以左拳擊敵右肋。

圖3－99

圖3－100

圖3－101

圖3－102

散手應用（析 3 手）

設捋扣敵左臂，以左探掌戳敵面，敵若以右手抵攔：

（1）即以左探掌捋擒敵右手，回撤牽引敵臂伸直。即以右臂屈肘上夾，外擺挑截折敵臂。

（2）捋引敵臂伸肘，即以右臂屈肘上夾敵手腕，擰身外擺，截折敵腕關節；同時以兩拳前擊敵胸頭部。

（3）若捋扣敵左臂時，敵用右拳擊來，即以左手向外格攔，釋右手穿敵右肘後，向右滾挑，或採敵衣袖，向右纏拿，即以左拳擊敵右肋。

28. 招式名：海底炮式

動作名：擺肘指襠

設以右捋手、左撲面掌擊敵（圖 3－104），即垂沉左肘，下夾敵右臂，向外擺擰（圖 3－105），以右手握拳栽擊敵腹部（圖 3－106）。

圖3－103　　　　　圖3－104

圖3-105　　　　　　　　　圖3-106

散手應用（析2手）

設以右抒手、左撲面掌擊敵，敵若以左手抵攔：

（1）即以左手抒扣敵左手，蹲身垂肘下夾敵右臂，左移步，向左擺擰，致敵倒跌。

（2）敵若不以左手抵攔，即垂左肘下夾敵右臂，擰身外擺，釋右手以拳栽擊敵腹部。

29.招式名：沖天炮式

動作名：壓肘指天

設以右抒手、左撲面掌擊敵，敵擒我左腕卜按（圖3-107），即遂其按勁，左臂下落平扣至敵身，以肘壓敵右臂（圖3-108），釋右手向上

圖3-107

提擊，或右手以拳上沖擊敵下頦（圖3－109）。

散手應用（析2手）

設以右抣手、左撲面掌擊敵，我左腕被敵擒下按：

（1）我即遂敵下按，左臂下落，平扣至敵身，以左肘壓敵右臂，釋右手向上提擊敵下頦；或以右拳上沖敵頭面。

（2）或以右抣手擒敵腕上提，左手下搬扣敵左腕，撅折敵左臂；繼以右手扣擒敵左臂，以左拳上沖敵頭面。

30. 招式名：仙人指路

動作名：搬肘前擊

設與敵交手，我右腕被抣。敵又用左拳擊我頭胸（圖3－110），我即上左步閃身，以左手搬壓敵左腕臂，約至胸下後，即以左肘尖，磕敵擒我之手；同時，我左肘向左，右手向右分格，敵擒手必開（圖3－111），即以右拳衝擊敵胸（圖3－112）。

圖3－108　　　　　　　　圖3－109

散手應用（析2手）

設我右腕被捋，敵用左拳擊我頭胸：

（1）我即以左手攔搬敵左腕至胸下，即以左肘尖磕擊敵擒我腕相交處，敵擒手必開。

（2）解脫右手，即以左手向下扣按敵左腕，以右拳點擊敵胸心部。

圖3—110

圖3—111

圖3—112

31. 招式名：披身插袋

動作名：夾肘指襠

設我兩腕被敵擒執，唯右臂在上，左臂在下（圖3－113），我即以右手，向敵身力頂以問勁，敵必反力向我推出，即乘勢進身，以右手貼胸下行，以左臂上夾，致敵右下膊插夾於我乳下（圖3－114）。緊夾作插袋式，致敵右下膊由上插入，我右腕自可掙脫，並以左手反扣敵左腕（圖3－115），右手可任意擊敵。

圖3－113

圖3－114

圖3－115

散手應用（析4手）

設我右臂在上，左臂在下，兩腕皆被敵擒執：

（1）我即以右手，向敵身力頂問勁，敵必反力，向我推出。我即乘勢披身而進，引敵臂伸直，以左肩靠擠敵右臂。

（2）或以右手貼胸下行，以左臂抱肘上夾，致敵右下膊夾於我乳下，緊夾作插袋式，我右腕自可掙脫。

（3）以插袋式掙脫右腕，並以左手反扣敵左腕，右手可任意擊打。

（4）若以左手力頂問勁，敵如反力推出，即以右臂垂肘下夾敵臂，並以右手反扣敵右腕，以左拳可任意擊打。

32. 招式名：插袋打肋

動作名：夾肘打肋

設以左手捋扣敵右腕，以右拳擊敵頭，被敵左手擒我右腕（圖3－116），我以右腕力頂問勁，回撤引敵臂伸直，即以左手擒敵腕上提，屈肘上夾敵左臂，緊夾插袋（圖3－117），以右拳擊敵左肋（圖3－118）。

散手應用（析2手）

設以左手捋扣敵右腕，右拳擊敵頭，被敵左手擒住：

（1）以右手力頂問勁，引敵臂伸直，即以左手擒敵腕上

圖3－116

圖3－117　　　　　　　　　圖3－118

提，屈肘上夾敵左臂，左擺折，緊夾插袋，掙脫右手，以
拳擊敵左肋。

（2）或以插袋折敵臂，掙脫右拳擺擊敵頭額。

33. 招式名：掩手三捶

動作名：壓打點心捶

設以右捋手捋敵右腕，以
左撲面掌擊敵，坐勢以左臂垂
肘下夾敵右臂，向外擺格（圖
3－119），以右拳栽擊敵腹襠
（圖3－120）。

敵若以左手下格推（圖
3－121），我即以左拳砸擊
敵左臂（圖3－122），抽回
右拳衝擊敵心窩部（圖3－

圖3－119

123）。

散手應用（析 3 手）

設以右捋手捋敵右腕，以左撲面掌擊敵面

（1）以垂左肘下夾敵右臂，向外擰擺；同時，左肘後頂，以左拳前擊敵胸肋。

圖3-120

圖3-121

圖3-122

圖3-123

（2）左肘下夾外擺，以右
拳栽擊敵腹襠。敵若以左手下
格，我即以左拳，截砸敵左
臂。

（3）左拳下砸敵臂，抽回
右拳以點拳擊敵胸心。立身衝
步，敵可倒跌。

34. 招式名：丹鳳朝陽

動作名：迎面捶

設以掩手捶擊敵心部（圖

圖3-124

3-124）。若敵臂掙力上挑，我以右拳上提，反背擊敵面
部（圖3-125），並以左臂上移，平衡於敵胸擠擊，撤
回右拳，衝點敵心窩部（圖3-126）。繼以左拳反背磕
頰（圖3-127）。隨即兩拳反背，前後鞭擊，前拳擊敵
面，後拳挑甩敵臂（圖3-128）。

圖3-125

圖3-126

圖3-127　　　　　　　　圖3-128

散手應用（析４手）

設以掩手捶擊敵心胸部，若敵臂掙力上挑：

（1）即以右拳上提，反背捶擊敵面，並以左小臂，橫於敵胸滾擠。

（2）不及敵掙力，即抽回右拳，以左拳反背擊敵面，並以右拳衝點敵心胸；或以右掌前推，衝步致敵倒跌。

（3）我左拳反背擊敵面，敵若用右手抵格，即以左臂橫於敵胸，以右拳上沖敵面鼻。

（4）右拳上沖敵面，敵若以手抵格，即以左拳上挑敵腕，與右拳十字相搭，即以兩拳反背前後鞭擊。

35. 招式名：古樹盤根

動作名：歇步下蹲

設敵用左手向我胸部拳擊；同時上右步，踩進我左腳外側（圖３－129），我即以左腳尖外擺，扣敵右腳踝；

同時，左擰身下蹲，成歇步（圖 3－130），並以左手將
擒敵左腕，向左下方將採，至敵右腳踝外（圖 3－131）；
並以右掌或拳，猛力向敵右腿部推壓或擊打（圖 3－
132）。

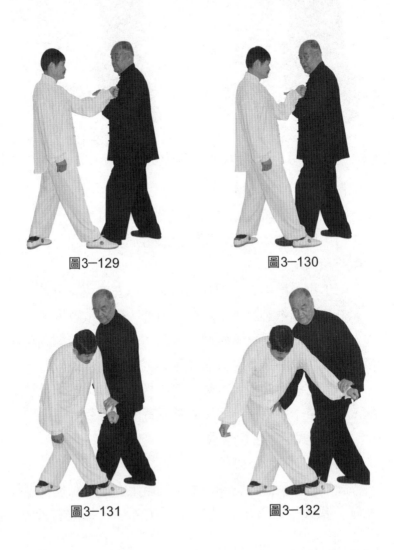

圖3-129

圖3-130

圖3-131

圖3-132

散手應用（析6手）

設敵以左拳向我中下部擊打，並上右步，扣踩我左腳外側：

（1）我即以左腳尖外擺，扣敵右腳踝，並左擰身下蹲，以左手順敵右腿下按至腳，右手前按敵右膝內側。

（2）我以歇步下蹲的同時，以左手挌擒敵左腕，向左下方採挌，至敵右腳踝外，並以右拳向前衝擊。

（3）歇步下蹲的同時，即擒敵左臂上舉，並向左下方雙拳砸擊。

（4）或以左手挌捌敵左腕，以左膝外擺成交叉步，以右拳前擊敵心腹。

（5）如敵腳踩我中門，即以左膝向裡擺頂，並以右手挌擒敵左腕，以左拳前衝擊敵胸頭部。

（6）敵踩我中門，即以左腳裡勾敵腿，以兩手前推敵胸。

第二節　二翻手正面将打法

圖3-133

1. 招式名：勾截連環

動作名：擺步截擊

設敵以右拳直擊我胸腹（圖3-133），即可移步閃身，以右拳側擊敵右小臂或右腕（圖3-134）。此式應以

敵擊之拳高低而定。

　　若敵直拳擊我頭胸，我即以擺步截顛敵臂（圖3－135）；若擊我心腹，即以勾掛顛擊（圖3－136）；若以拳由上向下，劈砸我頭面，即可以拳上顛，擊敵肘關節或小臂（圖3－137）。

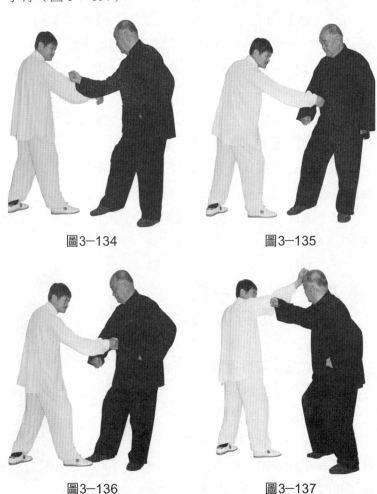

圖3－134　　　　　　　　　　　圖3－135

圖3－136　　　　　　　　　　　圖3－137

散手應用（析5手）

設敵以右直拳擊我胸頭：

（1）即左移步閃身，擺步以右拳側面顛擊敵右小臂或腕節。

（2）或以擺步轉身，以左拳顛擊敵右臂三里穴處。

（3）若敵以右拳擊我心腹部，即以右腳回帶，勾踢敵右腳，並以右臂回帶，勾掛敵右臂，折右臂反背捶顛擊敵面鼻。

（4）或以右拳擊敵面，繼下達於臂，以左拳顛擊敵頭肩。兩拳連環施用。

（5）敵若以右拳由上向下劈砸我頭面，我即移步閃身，以右拳上顛，截敵之肘關節，敵臂自折。

2.招式名：披身顛砸

動作名：上步迎面捶

設我腕被敵擒住（圖3－138），或我已扲擒敵腕（圖3－139），均可將我手腕向懷裡撤擰（圖3－140）。隨即上步以拳，猛砸敵之肘關節（圖3－141），敵肘必毀。

散手應用（析2手）

設敵以左手，擒我左腕：

（1）即將左腕向懷裡撤擰，隨即上步擰身，以右拳

圖3－138

圖3-139

圖3-140

猛砸敵左肘關節。

　　（2）若我左手捋敵左
腕，即向外擰捌敵左腕，隨
即擰身上步，以右拳砸擊敵
頭面，終達左肘關節處。

　　3. 招式名：金蛇盤柳

　　　動作名：退步側截

　　　設敵逼近我身，以左拳
擊來（圖3-142），我即
移步閃身，以左拳側截敵左

圖3-141

肘處（圖3-143）；或刁捋敵腕，向懷裡擰撤，以右拳側
截敵肘處（圖3-144）。

　　若敵以右拳攻我中下盤，我即以左退步擰身，以左拳
砸截敵臂（圖3-145）。

散手應用（析 3 手）

　　設敵逼近我身，用左拳擊我胸腹：

　　（1）即以左手擒敵手腕，右移步轉身左擰，以右掌推截敵左肘處，或以右拳顛砸之。

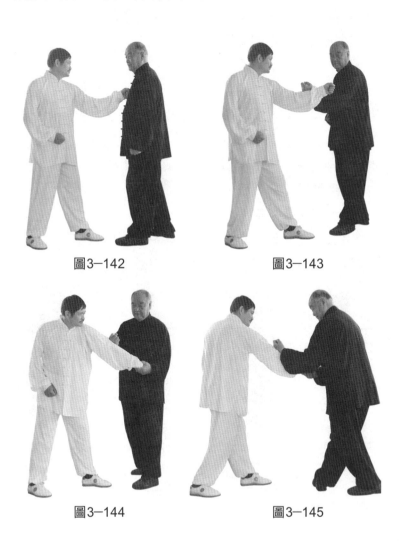

圖3-142　　　　　　　　　　　　圖3-143

圖3-144　　　　　　　　　　　　圖3-145

（2）或以左手刁捋敵左腕，擰身以交叉步捌敵臂，並以右小臂橫截敵臂。

（3）敵若以右拳攻擊我中下盤，我即退左步，以左臂勾掛反折，誘敵左手抵攔，即将敵左腕擰身捌臂，以右拳砸截敵臂；或退左步擰身，以左拳砸截敵臂。

4. 招式名：金蛇出洞

動作名：移步前顛

設敵用左直拳擊我胸腹（圖3－146），我也以左拳還擊。直來之手，須以橫破。故我以左拳側身斜顛而截之（圖3－147）；或捌捋敵腕臂，歇步下蹲捌折敵臂（圖3－148），並以右拳衝擊敵頭面部（圖3－149）。

散手應用（析3手）

設敵用左拳來擊：

（1）即右移步擰身交叉，並以左手捌捋敵左腕，擠捌敵左臂，以右拳衝擊敵頭部。

圖3－146　　　　　　　　圖3－147

圖3—148　　　　　　　圖3—149

（2）右退步交叉擰身，以右手挒敵左腕，左手捯挒敵左肘，向裡搬扣，右手外推，致敵臂捌折。

（3）或左手捯挒敵左肘裡搬，以右拳擊敵肋或頭面。

5. 招式名：四正連環

動作名：上步雙挒

設敵用左拳上擊我頭面（圖3－150），我即上右步，以左手刁挒敵左腕，並以右手托挒敵左肘（圖3－151），合力向左後挒撤敵臂（圖3－152）。俟敵勢力變化，發招制敵。

散手應用（析4手）

設敵用左拳上擊頭面：

圖3—150

圖3－151　　　　　　　　　　圖3－152

（1）我即移步閃身，以左手刁捋敵左腕下壓，上右步，以右手上托敵左肘，合力向左後捋敵。

（2）或以左手下捋敵左腕，右手捋敵左肘，滾臂向左擠力，致敵倒跌。

（3）以左手下捋敵臂，敵若上掙抗力，即以右臂穿插敵左臂下，向上滾擠，以左掌推擊敵胸膛。

（4）以兩手採捋敵臂，敵若順勢前靠，即以撤步閃身，左手上提敵腕，以右掌扣按敵肩，向下方按抹，致敵閃跌。

6. 招式名：順肩襯肘

動作名：進步斜推

設雙手捋敵左臂問勁，敵若用力後扯（圖3－153），我乘勢順肩襯肘，向外橫挑（圖3－154）；或貼身滾擠上架敵臂（圖3－155），釋左手任意擊打。

圖3-153

圖3-154

散手應用（析4手）

設雙手捋敵左臂問勁：

（1）敵若用力後扯，我即跟步進身，以兩掌抖力，推按敵上身，致敵遠跌。

（2）敵若上挑力，即以順肩襯肘於敵左腋下，上挑前撲按，致敵倒跌。

（3）或以順肩襯肘，滾擠上架敵左臂。左腳前移步，右轉身，以右腿，勾踢敵左腿彎，並以左掌向右前推。

圖3-155

（4）雙捋敵臂向前問勁，敵必頂力，即左手左下捋敵左腕，左腳撲腳踢敵腳，釋手倒敵。

7. 招式名：吞身顧打

動作名：退步雙将

設敵用左拳猛然擊來，且進逼我身（圖3－156），即以退步吞身閃進，以左手将敵左腕，右手将擒敵左肘節，蹲身坐步，兩手左将（圖3－157），牽帶至敵前傾失重，隨勢施招擊敵。

敵若隨我将勢，進身以肩擠靠（圖3－158），即以擰身化帶，引敵落空倒跌（圖3－159）。

散手應用（析4手）

設敵逼近我身，用左直拳擊來：

（1）即以退步吞身閃進，兩手将採敵左膊，蹲身坐步，猛力向下将敵，釋手致敵前栽。

（2）兩手将敵左膊，向下将致敵前傾，以兩掌前推敵肩。

（3）敵若隨我将勁，進身肩靠，我即右退步，擰身化

圖3－156

圖3－157

圖3-158　　　　　　　　　圖3-159

帶，引敵落空，並以右手按敵
左肩倒敵。

（4）或偷步左轉身，折敵
左臂，伏身下捋。

8. 招式名：斜行炮拳

動作名：進步斜掌

設以退步雙捋，吃住敵左
臂（圖3-160），趁敵掙扎
後撤之機，即翻右掌頂托外
按敵左臂（圖3-161）。右

圖3-160

腳前進，左腳跟進。以左拳向敵頭或胸心部衝擊（圖3-
162）。

散手應用（析3手）

設已雙捋敵左臂，敵若掙扎：

圖3-161　　　　　　　　　圖3-162

　　（1）趁敵掙扎之機，即以兩手上提敵臂，移步向反方向，雙挒敵臂，致敵倒跌。

　　（2）或以兩手上提敵臂，翻右掌頂托，按壓敵左臂，以左拳猛擊敵胸、頭部。

　　（3）上提敵臂，以右手擒敵臂外擰，捌制敵身，左拳衝擊敵胸心部。

　　9. 招式名：迎風挫臂

　　動作名：擰身挫臂

　　設敵用右拳擊來（圖3-163），即以右手挒敵右腕外捌（圖3-164），以左小臂猛向敵肘挫壓（圖3-165）。

圖3-163

圖3-164　　　　　　　　圖3-165

散手應用（析 3 手）

設敵右拳擊來：

（1）即與右手捋敵右腕，外翻手擰捌，以左臂屈肘，猛向敵右肘處挫壓；並擰身歇步下蹲，撅折敵臂。

（2）或以拗步捋敵右腕擰捌，左手扣按敵肩，致敵伏身；以左膝關節，頂撅敵右肘節處。

（3）或以右手順柔捋敵右腕，提擰敵右臂，並以左掌扣按敵肩內，致敵身後仰。繼用左膝關節，支頂敵右臂，兩手向下按力，切折敵臂。

10. 招式名：迎風震葉

動作名：擰身彈震

設敵右拳擊來，我以右手捋擒敵腕內（圖3-166），擰身疊步，引敵臂伸直，以左拳向敵右肘撩挑震擊（圖3-167）。或以左手順擒敵腕（圖3-168）。擰身疊步，

以右拳上挑，撩震敵右肘節處（圖3－169）。並移步向右擰身，以右腳掛踢敵腿腳（圖3－170），釋手倒跌。

散手應用（析3手）

設敵右拳來擊：

（1）即以右手捋擒敵右腕內，疊步擰身回帶，以左拳

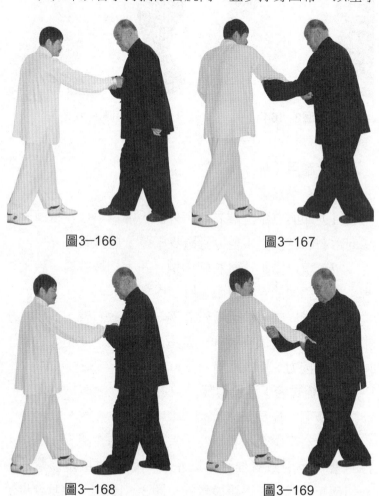

圖3－166　　　　　　　　圖3－167

圖3－168　　　　　　　　圖3－169

向敵肘後撩震挑擊，反折敵臂。

（2）或以左手擒捋敵右腕，用右拳上挑，彈震敵右肘處。

（3）或以右臂架挑敵臂，並移步擰身，以右腳掛踢敵腿腳，釋手倒跌。

11. 招式名：霸王撐舵

動作名：並步插掌

圖3－170

設以右捋手、左撲面掌擊敵面鼻（圖3－171），敵必以左手抵格，我即以右掌順敵胯下插（圖3－172），兩臂上下緊貼敵身，制其不能掙脫，蓄勢待發。

散手應用（析3手）

設右捋手擒敵右腕，用左撲面掌擊敵頭面，敵必以左

圖3－171

圖3－172

手抵格：

（1）即以左撲面掌鬆沉，壓制敵左手臂，並以右捋手推敵右腕，於敵胯後臀部；同時左腳進步下蹲，致敵後跌。

（2）或以左撲面掌，捋敵左抵手腕，向敵右耳側捋採，並以右捋手擒敵右腕，推按於敵腹部。進左腳蹲身，致敵後跌。

（3）或以左手攔捋敵右腕，上提左捌，並以右手掌插敵胯外側；進左腳蹲步，致敵後跌。

12. 招式名：混水摸魚

動作名：進步斜抹

設敵身手被我上下勁鎖吃（圖3－173），敵必掙扎，即隨敵掙脫之招勁，腰輪靈轉，以進步、蹲身、摸挑之招勁，施之敵身（圖3－174），敵必傾身而跌出。

圖3－173　　　　　　圖3－174

散手應用（析3手）

設敵身手被我勁鎖吃，敵必掙扎：

（1）即隨敵掙扎之機勢，左手向左下方捋抹，右手向右上方挑架，並以進左腳蹲勢，擰腰勁向左轉，致敵飛身外跌。

（2）或以左撲面掌旋腕纏繞，摸敵臉面，向左下方橫抹，右手掌挑敵大腿，向右上方格架。並以左腳上步進身，擰腰勁向左旋轉，致敵飛跌。

（3）或以左撲面掌抹敵面頰向前下按壓，右捋手向敵身後擒按。並以進左腳弓步，致敵倒跌。

13. 招式名：順水推舟

動作名：屈肘橫掌

設以右捋手左撲面掌，虛驚擊敵面（圖3－175）。趁敵驚悸未定之時，我已屈肘翻掌前擊（圖3－176），使敵無喘息之隙。

圖3－175　　　　　　　圖3－176

散手應用（析 3 手）

設以右手挒敵右腕，以左撲面掌虛擊敵面：

（1）趁敵驚悸未定，以右挒手上提敵腕，擊敵下頦，並以左手翻掌，按敵右腕臂，右手掌按己左掌背，合力前擊；進左步，以助前推之力。

（2）或右挒手上提敵腕，擊敵下頦，翻左掌拍按己右手臂，合力前擊；並上右步，以助前推之力。

（3）以左撲面掌擊敵面，敵若以左手抵攔，即釋右手上提，挑開敵左腕，以左掌纏翻推敵胸面。

14. 招式名：逆水行舟

動作名：進步橫掌

設以右挒手、左撲面掌擊敵面，敵必以左手抗力抵架（圖3－177），我即以左掌挒採敵左腕，擰捯回帶（圖3－178），即釋右手，以撲面掌擊敵（圖3－179）。繼以右撲面掌，反折橫擊敵胸肋（圖3－180）。並以進步助力，

圖3－177

圖3－178

致敵遠跌。

散手應用（析 2 手）

設以右抎手、左撲面掌擊敵面，敵若以左手抵架：

（1）即以左撲面掌，抎敵左腕，擰捌回帶，釋右手以右掌撲面擊敵，繼以右掌反折橫擊敵胸部；進步倒敵。

（2）或以左撲面掌回帶劃平圓，以左掌扣鎖敵右大臂或鎖骨，即釋右手，以橫掌推按敵左小臂，左掌移按拍己右手背，合力前推；並以左腳進步，致敵拗跌。

圖3-179　　　　　　　圖3-180

第三節　三翻手撇身鑽打法

1. 招式名：抎變連拳

動作名：抎手掙捶

設抎住敵腕後（圖3－181），不論敵掙扎與否，緊

接出拳擊敵胸肋（圖3－182）。如敵掙扎，正適助我借力發招。

散手應用（析4手）

設以右手将住敵腕：

（1）敵若向後掙力，即釋右将手，變拳掙捶前擊敵胸心處。

（2）敵若向下掙力，即釋右将手，變拳掙捶上擊敵頭面或用上提手。

（3）敵若向上掙力，即将敵手，向上提甩，變拳下砸敵頭、面、胸，終達於腹。

（4）敵若向前頂掙，即隨擒敵腕，轉身回撤，以肩、臂擠靠折摭敵臂。

2. 招式名：藕斷絲連

動作名：並步掙捶

設以左手将敵左腕（圖3－183），即向左擰身，左

圖3－181　　　　　　圖3－182

挀手向左撤帶（圖3－184），右拳前衝擊敵左肋；並跟步助力（圖3－185）。

散手應用（析3手）

設左手挀敵左腕：

（1）即向左擰身，左挀手向左撤帶，以右拳前擊敵左肋；並跟步助力。

（2）我欲挀敵腕向下，敵若上掙抗力，我即挀手上提敵

圖3－183

腕舉摯，以右掙捶擊敵胸肋；並上步助勢。

（3）我欲向左挀敵左腕，敵若掙扎，即以右手捯挀敵左腕，向右外提擺，以左拳任意擊敵。

圖3－184

圖3－185

3. 招式名：連珠炮捶

動作名：左右掙捶

設敵左腕被我挶住（圖
3－186），我即以右拳連環擊
敵（圖3－187）。繼以捯挶
手外摟，以左拳掙捶擊敵胸心
部（圖3－188）。連珠炮，
一二三，上下翻，敵難防。

圖3－186

散手應用（析3手）

設敵左腕被挶住：

（1）即以右拳順敵左臂，上擊敵頭額。

（2）敵若以左臂掙力上抗，即以左挶手上提，撤回右
拳連擊敵左肋。

（3）敵若束身逃避，即以右手捯挶敵左腕，向右外摟
撥，騰左手變拳，擊敵胸心部。三拳連環施用。

圖3－187

圖3－188

4. 招式名：趕盡殺絕

動作名：進步掙捶

設敵左拳擊我胸膛（圖3－189），我即以右手攔捋敵左腕（圖3－190）。繼以左拳擊敵胸心（圖3－191）。

敵若以右手推格（圖3－192），即順勢撤左手，捯

圖3－189

圖3－190

圖3－191

圖3－192

将敵右腕臂左捋（圖3－193），
以右拳擊敵頭肩（圖3－194）。

圖3－193

敵若以右手抵攔，即左捋
手上提，撤回右拳，擊敵左肋
（圖3－195）。此招打一拳，
進一步，步步緊逼，謂「趕盡
殺絕」。

散手應用（析5手）

設敵用左拳擊我胸：

（1）即以右手攔捋敵左
腕，向下擒按；進右步，以左拳擊敵胸心部。

（2）敵若以右手推格，即順勢以左手捯捋敵左腕，向
左上提；上左步進身，以右拳擊敵頭肩或左肋。

（3）敵撤步逃脫，即上右步進身，以左捋手下落，擒
按敵左腕於敵身中心，沖右拳擊敵頭面。

圖3－194

圖3－195

（4）敵若以右手抵攔，即以右手捋按敵右腕，以左拳擊敵頭面。

（5）以左拳落砸敵右臂，繼以兩拳齊擊敵胸心部。

5. 招式名：欲實先虛

動作名：卸步扣手

設敵左拳向我直衝而來（圖3－196），我即以左手捋敵左腕（圖3－197），並以右手扣按敵小臂或左腕（圖3－198），兩手一齊向左下捋按，致敵上身前傾（圖3－199），俟機施招攻擊。

散手應用（析4手）

設敵左拳向我直衝而來：

（1）即以左手捋敵左腕，右手扣按敵小臂彎處，兩手下按問勁。敵若前傾而後掙，即兩手擒敵左臂，上提前推，頂折敵左腕和臂。

圖3－196

圖3－197

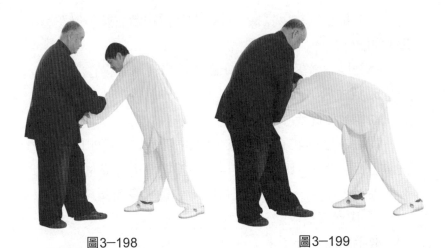

圖3−198　　　　　　　　圖3−199

（2）敵若以左臂彎曲避折，即以兩掌前推敵臂，並進步致敵倒跌。

（3）或以左手順柔捋敵左腕，右手扣敵左肘處，以大拇指點壓曲池；同時左手上提，右手扣按，致敵臂肘屈折，兩手合力右轉圈，前推致敵栽跌。

（4）或以右手攔捋敵左腕，左手捯捋敵左肘尖，兩手向相反方向，致力下按，敵必傷臂栽跌。

6. 招式名：以虛帶實

動作名：進步提手

設我已兩手捋扣敵左臂，致敵上身前傾（圖3−200），

圖3−200

即乘勢上提左拳或腕背，擊敵頦鼻（圖 3－201）。敵若用力後掙，即隨其勢進步逼敵，並以右拳上提，擊敵頦鼻處（圖 3－202）。

散手應用（析 4 手）

設以兩手捋扣敵左臂，致敵前傾：

（1）即釋左手，以拳或腕背，向上提擊敵頦鼻處。

（2）敵若用右手攔壓，即以左提拳纏繞，捋按敵右腕，釋右手作拳提擊敵頦鼻處。

（3）捋扣敵臂肘，若敵抗力後掙，即隨其勢進步逼身，並釋右手以拳提擊敵頦鼻處。

（4）敵若用右手攔按，即翻右手捋敵右腕，下按於敵左臂上，以左手上衝擊敵面鼻。

7. 招式名：拉韁探馬

動作名：捋手撲面

設以左捋手、右撲面掌擊敵，敵必用右手格攔（圖

圖3－201　　　　　　　　圖3－202

3－203）。即以右撲面掌，
翻捋敵右腕（圖 3－204）。
繼以左手掌撲面擊敵（圖 3－
205）。同時，右腳成虛步。

散手應用（析 3 手）

設以右撲面掌擊敵，敵用
右手格攔：

（1）我即右撲面掌，捋擒
敵右腕，向右下捋至敵左臂
上，以左手撲面掌擊敵頭面；

圖3—203

同時，以右腳勾掛敵左腳跟，致敵跟動傾跌。

（2）或以右手擒敵右腕，上提後壓於敵頭後，左捋手
擒敵左腕上提，向前推擊敵頦脖處。

（3）或以右手擒敵右腕，上提按壓於敵頭後，以左腳
踩敵左腿膝內側。

圖3—204

圖3—205

8. 招式名：信馬由韁

動作名：移步斜肩掌

設以左捋手右撲面掌擊
敵，敵用右手抵攔，又被我
右撲面掌捋採，向右下捋擒
（圖3－206），繼以左掌向
敵右肩，斜力推按（圖3－
207）。或若右撲面掌，遇敵
抵攔，即以翻掌纏繞，以鎖喉
掌擒敵（圖3－208）。

圖3－206

散手應用（析4手）

設以左捋手右撲面掌擊敵：

（1）以左捋手捋敵左腕，即以右掌推按敵左肩，兩手
合力下捋推按，致敵前跌。

圖3－207

圖3－208

（2）敵若以右手抵攔，即以右撲面掌捋敵右腕，以左掌推按敵右肩，進步斜推，致敵倒跌。

（3）或右撲面掌遇敵抵攔，即翻腕纏繞，以鎖喉掌擒敵。

（4）或以順柔捋手，捋敵左腕上提，以右掌撲抹敵頦，致敵後跌。

9. 招式名：反膊鎖銬

動作名：捋手撲面

設我以右順柔捋手，捋擒敵右腕（圖 3－209），以左撲面掌擊敵面鼻。敵若以左手抵架，即以左撲面掌纏腕，反穿撲面鼻（圖 3－210），隨即擒敵左手腕，向左下擒捋（圖 3－211）；同時兩手合力，向內鎖銬敵臂（圖 3－212）。

圖3－209　　　　　　圖3－210

圖3-211　　　　　　　　　　圖3-212

散手應用（析3手）

設以右手順柔抒擒敵右腕，以左撲面掌擊敵面鼻：

（1）敵若攔架，即以左掌纏腕，反穿擊敵面鼻。

（2）或以左掌纏腕反穿，擒敵左腕，向左下抒擒。

（3）兩手擒敵兩腕，即以兩臂內旋，兩手心向下，反捌敵雙膊，下按上推，致敵雙腳失根。

10. 招式名：戮力同心

動作名：銬膊戮腳

設敵膊被我鎖銬（圖3-213），即速移左腳，以右腳向前上排踢（圖3-214），低在脛骨，高在膝齊。落腳下

圖3-213

踩敵腳面，並釋兩手以掌推擲敵胸（圖3－215）。

散手應用（析3手）

設敵被我鎖銬：

（1）即移左腳，以右腳橫踢敵小腿。

（2）落腳下踩敵小腿，終達於腳面；並釋兩手以掌，推擲敵胸。

（3）鎖銬敵雙膊，縮身下按，進步前推，折膊倒敵。

11. 招式名：灰鶴啄食

動作名：抒手橫攔

設以右抒手、左橫攔掌擊敵（圖3－216）。此掌可虛實兩用。若敵抵攔，即以橫攔掌，抒敵抵手下捯（圖3－217），緊捆敵雙手，作好伏勁，以便起腳發招。

散手應用（析3手）

設以右抒手、左橫攔掌擊敵：

（1）抒敵右腕，上左步，以左臂橫擊敵脖，並屈肘以

圖3－214　　　　　　　圖3－215

圖3-216

圖3-217

小臂頂制敵頭，右捋手擒按於敵右側下，制敵於股掌之間。

（2）以橫攔掌擊敵，敵若以左手抵攔，即以左手捋敵左腕，向左下捋捌，同時右捋手上提，捆敵雙臂，並以右捋手裡搬，左捋手前推，捌折敵臂不能抗掙。

（3）制敵於股掌之間，敵若抗掙，撤步釋放手即可倒敵。

12. 招式名：黑蟻拖食

動作名：疊步捆按

設以捋捆敵雙腕（圖3-218），上右步，疊步下蹲，兩手捆擒敵腕，下按前推（圖

圖3-218

3－219）。或退左步，疊步下蹲。兩手捆擒敵腕，後牽下按（圖3－220）。俟敵掙扎反力之勢，順勢施招。

散手應用（析3手）

設敵被我捋捆雙腕：

（1）即上步疊步下蹲，兩手擒敵腕前推下按，致敵後跌。

（2）或以退步、疊步下蹲，以兩手捋敵腕，後牽下按，致敵倒跌。

（3）疊步捆按，敵若掙扎，即應敵力，變向施勁，釋手倒敵。

13. 招式名：玉兔蹬鷹

動作名：起身蹬腳

設已捆擒敵雙腕下按，敵若掙扎，即以兩捋手上提（圖3－221）。以右腳前彈踢敵襠，或蹬踢敵腹部（圖3－222）。

圖3－219

圖3－220

圖3－221

圖3－222

散手應用（析 2 手）

設将捆敵雙腕，敵若掙扎：

（1）即以兩手将敵腕上提，以右腳向前彈踢敵襠，或蹬踹敵腹部。

（2）敵若衝力前擠，我即轉向閃身，或伏地，以右腳蹬敵腹襠，或肋部。

14. 招式名：烏鴉登枝

動作名：平採手

設敵用右拳擊我頭部（圖3－223），我即以右手攔採敵右腕，左手隨即採托敵右肘部（圖3－224），兩手合力撅折敵右臂（圖3－225）。問

圖3－223

圖3-224　　　　　　　　圖3-225

勁後隨勢施招。

散手應用（析3手）

設敵用右拳擊我頭部：

（1）即以右手攔採敵右腕，左手採托敵右肘，兩手合力撅折敵右臂。

（2）以兩手平採敵右臂問勁，敵若後撤，即以兩手合力前順送；並進步助勢發敵。

（3）敵若前擠，即以左或右移步轉身，兩手平圓劃弧，推按倒敵。

15. 招式名：烏鴉分枝

動作名：扣手

設以右手採敵右腕，左手採托敵右肘（圖3-226），兩手先後劃立圓，環繞扣按（圖3-227），挫捌折臂。

圖3－226

圖3－227

散手應用（析3手）

設敵用右拳擊我頭部：

（1）即以右手採敵右腕，左手採托敵右肘，右手前推，左手後帶，兩手先後劃立圓，環繞扣按，挫折敵臂。

（2）或以十字扣手法，右手向左，左手向右，挫折敵臂。

（3）或以一手向下，一手向上，挫折敵臂。均屬十字扣手法。

16. 招式名：黑虎掏心

動作名：進步掙捶

設敵以左拳擊我胸頭部（圖3－228），我即以左手

圖3－228

採敵左腕，右手採敵左肘，向上而後下，立圓劃弧引帶（圖3－229）。繼以右手採敵左肘，向右外摟按，釋左手以拳衝擊敵心窩處（圖3－230）。

散手應用（析3手）

設敵用左拳擊我胸頭部：

（1）即閃身，以左手攔採敵左腕，右手採托敵左肘處，兩手向上、向左後立圓化帶前推。並以右手採敵肘，向右外摟按，釋左手以拳衝擊敵心窩；並進步以助勢。

（2）或以兩手環繞立圓扣按，釋左手以拳衝擊敵心窩。

（3）或以十字扣手法，釋左手衝擊敵心窩。或釋右手衝擊敵左肋。

17. 招式名：閃法三把

動作名：捯捋手撲面

設敵用右拳擊我胸心部（圖3－231），我即以左手

圖3－229

圖3－230

捋敵右腕,右手捯捋敵右肘後（圖3－232）,將敵右臂夾入我右腋下,以左撲面掌擊敵面（圖3－233）。

散手應用（析3手）

設敵用右拳擊我胸心部:

（1）即以左手捋敵右腕,右手捯捋敵右肘,將敵臂夾入我右腋下,以左掌撲面擊敵。敵若掙扎,即以撤步翻掌抹面倒敵。

圖3－231

（2）以左撲面掌擊敵,敵若掙扎,即以右轉身,翻掌橫切敵咽喉,致敵折臂斷喉兩傷。學者不可輕用。

（3）或以左撲面掌,屈肘回落,以左肘頂擊敵下頦,左手擒敵右腕臂上提;並移右步,以左腳踢敵右腿

圖3－232

圖3－233

腳，釋放手倒敵。

18. 招式名：黃蜂入洞

動作名：移步掙捶

設敵用右拳擊我胸，以右捋手捋住敵右腕，左撲面掌擊敵（圖3－234）。

敵若以左手抵攔，即以左掌捋敵左手，移步向左捋（圖3－235）。釋右手掙捶擊敵左肋（圖3－236）。或以左掌向下捋按敵手，並步以右拳擊敵胸心處（圖3－237）。

散手應用（析3手）

設以右捋手、左撲面掌擊敵，敵若以左手抵攔：

（1）即以左掌採捋敵左腕，移步向左方捋採，釋右手以拳擊敵左肋處。

（2）或以右捋手上提敵右腕，向左方上架，撤回左掌，以左拳擊敵右肋處。

圖3－234

圖3－235

圖3－236

圖3－237

（3）或以左掌向下捋按敵左腕，以右拳擊敵胸心部。

19. 招式名：迎風剪腕

動作名：轉身剪腕

設凡已捋擒敵手腕，均可以轉身剪折敵臂（圖3－238）。凡擊敵面鼻，敵以手抵攔，均可捋敵手回帶，轉身剪折敵腕臂（圖3－239）。凡我擊拳被擒，均可回撤轉身，剪折敵腕臂（圖3－240）。

散手應用（析3手）

設以右手捋敵右腕：

（1）即向右轉身回帶，以左臂屈肘剪折敵腕臂。

（2）以右捋手、左撲面

圖3－238

圖3-239　　　　　　　圖3-240

掌擊敵。敵若以左手抵攔，即以左轉身，捋帶敵左臂，屈右肘剪折敵左臂。

（3）以右手捋住敵右腕，以左拳擊敵時，左拳被敵擒住，即以轉身回撤左臂，右捋手上提，屈右肘剪切敵左肘腕。

第四節　四翻手擒鎖靠打法

1. 招式名：紫燕啄泥

動作名：盤步刁捋手

設敵左拳向我胸前擊來（圖3-241），我即移步閃身，左腳向右前方盤旋上步，左腳尖外擺，屈膝前頂；並以左手刁捋敵左腕（圖3-242）。刁捋手法，隨機應用，有裡刁、外刁、順肩上下刁等法。

圖3-241　　　　　　　　圖3-242

散手應用（析 4 手）

設敵左拳向我胸前擊來：

（1）即以移步閃身，以左腳向敵左腳外側盤旋上步，並外擺左腳，前頂左膝；以左手刁捋敵左腕外，回帶外擰捌，右手撫按敵左肘臂，兩手下捋前送，致敵後跌。

（2）或以左手刁捋敵左腕內，回帶裡擰捌，右手啄抓敵肩臂，上提下按致敵倒跌。

（3）以左盤步閃身，右手刁捋敵左腕內，上提外翻下捋擺，左手啄抓敵大腿內側。

（4）或以左盤步閃身，右手刁捋敵左腕下側，向右下捋而上提，左手啄抓敵頭或腦後脖頸，下按摸。

2. 招式名：順風拂塵

動作名：上步劈截捶

設以左盤步刁捋住敵左腕（圖3－243），即上右步，

以右拳向前掄臂，劈截敵左臂下落（圖3－244），左手刁捋敵左腕，翻手擰捯（圖3－245）。

散手應用（析4手）

設以左手刁捋敵左腕外。

（1）即左捋手回撤，外旋擰捯敵臂，以右拳掄砸敵頭，終達左肩外，致敵臂傷。

（2）以左手刁捋敵左腕內，上提裡旋；右拳掄砸敵頭面，終達敵肩內。

（3）或以右手刁捋敵左腕內，向外反擺；左拳掄砸敵面，終達敵左肩胛。

（4）或以右手刁捋敵左腕下，向右上捋提，以左拳掄砸敵頭後，或脖側肩上。

圖3－243

圖3－244

圖3－245

3. 招式名：搖身展力

動作名：探掌靠打

設左手刁挌敵左腕，右手按敵左臂（圖3－246），釋左手向敵面前探掌，誘敵右臂上抬（圖3－247）；即釋右手，以臂挑插敵右臂，並擰腰以肩靠打敵身（圖3－248），並以右臂上挑擊，左臂下橫抹，搖身展力，肩背靠敵身跌（圖3－249）。

散手應用（析4手）

設敵用左拳擊我胸膛：

（1）即以左手刁挌敵左腕，右手扣按敵左臂，釋左手向敵面前指探。繼以右肩前衝，擠靠敵胸膛，並以右手挑擊敵襠。

（2）左掌指探敵面，敵若以右手上架，即以右臂插敵右腋下上挑，以右肩及腰背展力，靠打敵胸身，致敵後跌。

圖3－246　　　　　　　　圖3－247

圖3—248　　　　　　　圖3—249

（3）若敵以右手抵攔，即以左手刁挦敵右腕，撤臂回帶，致敵臂於我頭脖後，以肩背擔挑，靠擠敵身，致敵傷跌。

（4）或以左手挦引敵右腕臂，至我頭脖後，即以右肘頂擊敵胸肋。繼以右扭身，兩掌切劈敵右肋。

4. 招式名：白蛇伏草

動作名：挦手拓掌

設敵用右拳擊我胸面部（圖3－250），即以右盤步閃身，以右手刁挦敵右腕（圖3－251）。上左步，扣敵右腿。並以左掌拓敵右胯上軟肋部（圖3－252）。

圖3—250

圖3－251　　　　　　　　圖3－252

散手應用（析4手）

設敵右拳擊我胸面：

（1）即以右盤步閃身，右手刁捋敵右腕，上左步以左掌，拓敵右胯上軟肋處。

（2）或以右手刁攔敵右腕內，向右外摟捋，以左掌拓敵右肋。

（3）或以左手攔刁敵右腕，向左上提搬，以右掌拓敵右乳下。

（4）或以左手攔刁敵右腕，向下搬摟，右掌拓敵右耳根或脖頸。

5. 招式名：移枝接桃

動作名：並步接捶

設右手已刁捋敵右腕（圖3－253），即移步併腳，屈膝下蹲，兩手接握敵右腕（圖3－254）。繼而移步併

腳，下捋按敵腕臂（圖3－255），致敵前栽。

散手應用（析4手）

設右手已刁捋敵右腕：

（1）即以進步併步法，兩手擒握敵右腕，向敵身後下推捋按，並屈膝下蹲。

（2）或以退步併步法，兩手擒握敵右腕，向我右側下捋按，併步屈膝下蹲。

圖3－253

（3）或橫步併步法，向左橫跨併步。同時，兩手擒握敵右腕，向左下方捋按，左擦地劃弧。

（4）或向右橫跨併步。並以兩手擒敵右腕，向右下方捋按，右擦地劃弧。

圖3－254

圖3－255

6. 招式名：單鞭打虎

動作名：移手前推

設右手刁捋敵右腕（圖
3－256），併步，移於左手擒
拿，並向左上方提勾（圖3－
257），騰右手以掌擊推敵胸
膛（圖3－258）。

散手應用（析5手）

設以右手刁捋敵右腕：

（1）移於左手擒拿，即向
左上方提勾，右掌推擊敵胸膛。

圖3－256

（2）或以左手接擒敵右腕，向左下方摟按，上右步，
以右掌擊敵胸心部。

（3）或以右手刁捋敵右腕上提。上左步。左手托敵右
肘，騰右手推擊敵右胸肋。

圖3－257

圖3－258

（4）或上左步。左手托敵右肘後壓，以右手挑抄敵右腿，進步前送倒敵。

（5）或以左手上托敵右肘，右手按敵右胯上腹根。以右腳踩蹬敵右腿。

7. 招式名：順手偷桃

動作名：捋手栽捶

設敵用右直拳擊我胸頭（圖3－259），即以右盤步閃身，以右手刁捋敵右腕（圖3－260）。上左步，扣敵右腿。以左拳栽擊敵腹部（圖3－261）。

圖3－259

散手應用（析4手）

設敵用右拳擊我胸頭：

（1）即以右盤步閃身，右手刁捋敵右腕，以左拳由敵

圖3－260

圖3－261

右膊內向敵腹部栽擊。

（2）以左栽拳擊敵腹，敵必收腹彎腰。即以左臂屈肘後撤，夾撞敵右臂，致敵前傾，即伸左臂，以左拳擊敵頭或肋。

（3）或右手刁捋敵右腕，以左拳由敵右膊外栽擊敵腹，並伏身順手抓敵襠部。

（4）敵若掙扎，即以左臂屈肘，上夾敵右臂，外摔腰身，以右掌撩抓敵襠部。

8. 招式名：獅子搖頭

動作名：抬頭望月

設以左拳栽擊敵腹，敵以左手抵格（圖3－262），即以左臂屈肘外翻，封敵抵手。並滾擠敵身，同時以頭側搖，擊敵面鼻（圖3－263）。

圖3－262　　　　　　圖3－263

散手應用（析2手）

設以右捋手左拳栽擊敵腹：

（1）敵若收腹彎腰，避我栽擊，頭必前傾，即以頭側搖，擊敵面鼻。

（2）栽拳擊敵腹，若敵以手抵格，即以栽拳屈肘外翻，封壓敵抵手，並滾擠敵身，同時搖頭擊敵。

圖3-264

9. 招式名：推窗望月

動作名：斜推掌

設以搖頭擊敵面鼻，敵頭必後仰（圖3-264），即以左臂滾擠上架（圖3-265），並以右掌斜推敵胸肋（圖3-266），或下頦，致敵後跌。

圖3-265

圖3-266

散手應用（析3手）

設以搖頭擊敵面鼻：

（1）敵若以左手抵攔，或反擊，即以左臂挑架敵左臂，向左擰身斜帶，以右掌斜推敵胸肋。

（2）或以左手刁捋敵左腕，向敵右肩外下捋。左腳尖上蹺。以左手擒敵左腕，下探我左腳尖，並以右捋手上提前推敵身。

（3）或以右捋手上提，挑架敵左臂。上右步。撤回左手，以左掌斜推敵右肩或右肋。

10. 招式名：指天畫地

動作名：捋手下撩捶

設我用右反背掌，指擊敵右耳，誘敵手抵攔（圖3－267）。敵若以右手抵攔，即翻手刁捋敵右腕（圖3－268）。上左步，扣敵右腿。以左拳由敵右臂內，向敵下腹褉部撩擊（圖3－269）。

圖3－267

圖3－268

散手應用（析4手）

設敵臨近我身，欲問敵手：

（1）即以右手反背指擊敵右耳。敵若以右手攔格，即以右掌翻手，刁捋敵右腕外捌。

（2）刁捋敵右腕，即以左拳由敵右臂內側，向下撩擊敵腹襠部，並以束身下蹲，壓撅敵右臂。

圖3-269

（3）或以右手反背探問敵手。敵若以左手攔格，即以左手刁擒敵左腕，右臂反折下撩敵腹襠。並束身下蹲，壓折敵左臂。

（4）敵若以右拳擊來，即以右手刁捋敵右腕內，右擰身，以左拳上沖，擊敵耳面，並按敵右肩。提左膝，頂折敵右臂。

11. 招式名：蟄龍升天

動作名：立身上擊捶

設以左拳撩擊敵腹襠。敵若彎腰低頭（圖3-270），即以立身反背捶，顛擊敵面鼻（圖3-271）。

散手應用（析4手）

設以左掌撩擊敵腹襠：

（1）敵若彎腰低頭，即以立身，左肘活折，反背拳擊敵面鼻。

圖3-270

圖3-271

（2）敵若頭面後仰，即以左肘沉落，並蹲勢，以左肘尖頂敵胸心。繼之立身，以左拳，上沖敵下頦。

（3）或以左拳撩擊敵腹。敵以左手格攔，即以左手反扣敵左腕，釋右手握拳上沖敵胸頭。

（4）或左反背拳擊敵面。敵若以左手攔架，即以左手翻掌，砍切敵脖根或咽喉。

12. 招式名：撥雲見日

動作名：刁手貫耳掌

設敵用左拳來擊，即左盤步閃身，以左手刁捋敵左腕（圖3-272）。上右步，扣敵左腿。以右掌橫摜敵左耳部（圖3-273）。

散手應用（析2手）

設敵左拳來擊：

（1）若擊我胸頭部，即以左盤步閃身，左手刁捋敵

圖3－272　　　　　　　　　圖3－273

左腕，外翻手擰捌，以右掌摜擊敵左耳根。

（2）若敵擊我中心處，即以左手刁擒敵左腕內側，內
翻手擰捌，以右掌摜擊敵左耳臉。

13. 招式名：螳螂捕蟬

動作名：扣手摜耳掌

設以左手刁捋敵左腕，右手扣擒敵左臂（圖3－
274），以左掌摜擊敵右耳部（圖3－275）。

散手應用（析3手）

設左手刁捋敵左腕，敵若掙扎：

（1）即右手扣擒敵左臂，翻手外捌，以左掌摜擊敵右
耳臉。

（2）或右手扣擒敵左臂，兩手向上摯提，釋左手下落
拍擊敵面，終達下腹襠。

（3）或左掌拍落敵面。敵若以右手抵攔，即以左手

圖3-274　　　　　　　　圖3-275

擒敵右腕上提舉，同時釋放兩手，作掌或拳，合擊敵頭面
或胸，並進步前撲倒敵。

14. 招式名：猛虎出柙

動作名：勾手前擊掌

設以左掌摜擊敵右耳
處。敵以右手抵格（圖3-
276），即以左掌變勾手，
向左方勾掛敵右腕臂（圖
3-277），以右掌向敵胸
心部推擊，並蹲勢發勁（圖
3-278）。

散手應用（析2手）

設敵以右拳擊來，或以
右拳抵架我左擊拳：

圖3-276

圖3-277 　　　　　　　圖3-278

（1）我即以左手刁勾敵右腕臂，向左方勾甩，並以右掌前推敵胸膛，並蹲勢助勁。

（2）敵若以右拳擊我中心，即以左手刁擒敵右腕，向左上提捌，以右掌擊敵胸心部，並進步坐勢發勁。

15. 招式名：五龍纏腰

動作名：刁手抱腰

設敵以右拳當胸擊來（圖3-279），即以右手刁捋敵右腕（圖3-280）。上左步。以左手向敵腰後摟抱（圖3-281）。

散手應用（析5手）

設右拳當胸擊來：

（1）即以右手刁捋敵右

圖3-279

圖3-280　　　　　　　　　圖3-281

腕外，上左步，以左手抱敵後腰，同時兩手向前合力牽
引，致敵前栽。

（2）或以右手刁捋敵右腕，上左步，左手抱擒敵右
臂，擰身以左肩靠擊敵右臂。

（3）或右手刁捋敵右腕。敵若掙扎，即以左手擒敵右
腕，上左步，左手擒敵腕抱敵後腰，以右手掌印敵面鼻。

（4）或以右掌探敵面目。敵若以左手抵格。即以右手
推壓敵左腕于敵左肩後，由左手上擒後拉，釋騰右手，以
拳任意擊打敵身。

（5）或以右手刁擒敵抵手，回帶牽引，並上舉繞我頭
後，枕靠肩挑，撅折敵右臂。

16. 招式名：黃龍轉身

動作名：拗步擰身靠

設以右刁捋手，以左手摟抱敵後腰，即以左腳蹬勁，

左手向右提摟（圖 3－282）。俟敵重心前傾，即突然擰身向左，以腰為軸，以右肩和右臂，向敵身胸靠擊（圖 3－283）。

散手應用（析 4 手）

設敵以右拳擊我中下部：

（1）即以左右手捋敵右臂，以左手抱敵後腰，向前牽引，敵若後掙，即轉身，以右肩和臂，靠擊敵胸頭，致敵後倒跌。

（2）或以右手刁捋敵右腕。上左步。左手抱敵頭頦，兩手向外後用力，並挺胸折敵脖和臂。

（3）或捋右手，左手抱敵頭頦，撤步左轉身，致敵倒跌。

（4）或以左手抱敵後腰下壓。敵若上掙，即以左腿提膝，上頂敵右腿，致敵失根，即左轉身，下摔倒敵。

圖3－282　　　　　　　圖3－283

17. 招式名：蜇龍出現

動作名：刁手捋捌

設敵左拳當胸擊來（圖3－284），即以左盤步閃身，以左手刁捋敵左腕，外旋採捌敵臂上提（圖3－285）。上右步轉身。以右臂屈肘，向敵左臂肘關節挫撅（圖3－286）。

圖3-284

散手應用（析2手）

設敵左拳當胸擊來：

（1）即閃身，以左手刁捋敵左腕，擰捌敵臂上提。上右步。屈右臂，以肘橫擊敵左肘處，或挫撅。

（2）或以左手刁捋敵左腕，右手擒按敵左肩，兩手向左下捋按，以膝關節頂折敵臂；或手向身後兩側搬，以

圖3-285

圖3-286

腹胯撅頂敵臂。

18. 招式名：托掄打虎

動作名：採臂頂肘

設以左手捋擒敵左腕，上提向左引伸（圖3－287）；右臂屈肘向右頂力，撞擊敵左腋或肋處（圖3－288）。

散手應用（析2手）

設己左手捋擒敵左腕，上提平至胸：

（1）即上右步，以右手由敵左臂下抱擒敵腕臂，兩手向左拉力，並擰身，以右肩或胸擠折敵臂。

（2）或兩手向左拉力，敵若掙扎，即釋右手，以肘頂擊敵胸肋。

19. 招式名：返臂雙劈

動作名：擺肘雙劈砸

設我捋抱敵左腕臂。敵若以右拳擊我頭部（圖3－289），即以左手刁捋敵右腕回帶，屈右臂上夾敵右臂（圖

圖3－287

圖3－288

3－290）。向右擰身擺肘坐勢，致敵於我股掌之間（圖3－291）。繼之右腳前進，左腳跟進。兩手作掌，向敵胸面劈砸（圖3－292）。

圖3－289

圖3－290

圖3－291

圖3－292

散手應用（析 3 手）

設已捋抱敵左腕臂：

（1）敵用右拳擊我頭，即釋左手捋擒敵右腕回撤，繼以右臂屈肘上夾，夾敵雙臂，右擰身擺肘坐勢，致敵於我股掌之間。

（2）或以兩手抱擒敵左腕臂，合力向左下搬摟。

（3）或兩手上舉敵臂，向右轉身，落肘下頂坐勢，以雙掌劈切敵頭胸。

20. 招式名：孤雁出群

動作名：刁手撲面掌

設敵用右拳擊我頭胸，我以右手刁捋敵右腕，上左步，以左掌撲面擊敵（圖 3－293）。敵若用左手抵攔，即以右捋手上提敵腕於敵左掌腕下（圖 3－294），與敵左腕成十字交叉（圖 3－295）。

圖3－293　　　　　　　圖3－294

散手應用（析 2 手）

設以右手刁捋敵右腕，以左掌撲面擊敵，敵用左手抵攔：

（1）即以右捋手上提於敵左腕下，成十字手頂架敵抵手。同時，兩手翻掌，下按敵雙臂，進步撲擊。

（2）或以右捋手上提於我左腕下，即以左手捋擒敵右腕，右手捯擒敵左腕，兩手捋擒敵腕，向左右兩側下壓敵腕，以頭頂擊敵胸頭。

21. 招式名：移手平展

動作名：大鵬展翅

設已提捋敵手成十字手，即以左手採捋敵右腕（圖3－296），右手移擒敵左腕（圖3－297），同時向左右兩側平展（圖3－298）。

圖3-295　　　　　　　　圖3-296

圖3-297

圖3-298

散手應用（析 2 手）

設以十字手移擒敵腕：

（1）即以兩手擒敵腕，向兩側外平擺展，近貼吻胸，即以提膝頂擊敵腹禧。

（2）吻胸進身，腳踩中門，兩手向敵身後捋按敵腕臂。抱敵後腰，頭頂敵頦，釋手立身倒敵。

22. 招式名：二虎爭鬥

動作名：併步砸捶

設敵兩臂被我捋擒平展。敵若用膝腳，攻擊我中、下盤（圖3-299），即以進步併步下蹲（圖3-

圖3-299

圖3－300　　　　　　　　圖3－301

300）。同時，兩手擒敵腕，下落於己腹前，兩手心向上，重壓砸擊（圖3－301）。

散手應用（析3手）

設敵兩臂被我捋擒平展：

（1）敵若掙扎抗力，即以兩手擒敵腕內合，以敵兩手相撞擊。

（2）敵以腳蹬踢我腹部，即以兩手擒敵腕，斜閃身下合手，撞擊敵腿。敵若撤腿，繼下捋倒敵。

（3）敵若以膝頂擊，即以兩手擒敵腕，於腹前撞擊敵膝腿。並屈膝下蹲，撑身破敵取勝。

23. 招式名：展翅飛翔

動作名：移步斜飛

設以兩手捋擒敵腕，下捋抱敵腰後（圖3－302），即以左手捯擒敵左腕，向左上方提拉（圖3－303）。同

時，左腳向左側斜半步。右
手以立掌推擊敵胸（圖3－
304）。

散手應用（析3手）

設以兩手擒敵腕，下将
敵腰後：

（1）即以左手擒敵左
腕，移左腳，向左方提拉，
以右掌推擊敵胸身。

圖3－302

（2）或兩手擒敵腕，下
将合於腹前，成十字手，若左手在上，即提右手擊敵下
頦；若右手在上，即提左手擊敵。

（3）或兩手擒敵腕，蹲身下合，挺身上托，移步閃
身，下将摔跌。

圖3－303

圖3－304

第五節　五翻手捆拿摔踢法

1. 招式名：肘底進拳

動作名：拗步捋手

設敵用右拳當胸擊來（圖 3－305），我即移動重心，左腳向左前方進步，披身近敵，以左掌向右攔捋敵右小臂（圖 3－306），即以右手鎖捋敵右腕（圖 3－307），作左拗步捋手。

圖3－305

散手應用（析 4 手）

設敵右拳當胸擊來：

（1）即左手向右攔捋敵右小臂，披身進左步，以右拳擊敵右肋。

圖3－306

圖3－307

（2）或以左手攔右腕，以右手将敵右腕，向敵左肩将推，以左拳進擊敵右腋下或肋。

（3）或以左手攔敵右拳，右手将擒敵右腕，兩手鎖将敵腕臂，下壓撅折。

（4）或以左手攔擒敵右腕，向左上提擺，右手接擒敵右腕或肘彎處，向前下按壓，繼向後上将提，劃一立圓。

2. 招式名：青龍返首

動作名：拗步撲面掌

設以左拗步，右手将右腕（圖3－308）。上右步，以左撲面掌擊敵面鼻（圖3－309），敵必以左手抵格（圖3－310）。

圖3－308

圖3－309

圖3－310

散手應用（析３手）

設以鎖捋敵右腕，下壓撅折：

（1）敵若伏身緩衝，即以提手擊敵面鼻，前推敵後跌。

（2）或以鎖捋敵右腕，以左撲面掌擊敵。敵若以左手抵攔，即以左手纏繞，鎖喉擊敵。

（3）或以左手纏繞，回帶下搬，並以右捋手上提，搬撅折敵臂。

3. 招式名：青龍轉身

動作名：擰身夾臂

設以右拗步、左撲面掌擊敵面。敵以左手抵格，即以左掌捋敵左腕回帶，使敵臂伸展（圖３－311）。隨即右捋手，擒敵腕上提，並屈肘上夾敵左臂（圖３－312）。同時，右腳夾外擺，疊步向右擰身，致敵身傾斜（圖３－313）。

圖3－311　　　　　　　　　圖3－312

圖3-313

散手應用（析3手）

設以左撲面掌擊敵，敵以左手抵攔：

（1）即以左掌捋敵左腕回帶，使敵臂伸展，以右捋手擒敵腕上提，並屈肘上夾敵左臂，向右移步擰身，釋左手衝拳擊敵胸心。

（2）或以左掌纏繞擒敵左腕，回撤搬扣敵左腕臂，並以右捋手擒敵腕上提，屈肘上夾敵左臂。向前進步，兩手擒拳前衝。

（3）或以左手捋敵左腕回帶下按，同時，右捋手擒敵腕上提，以敵左臂下夾敵右臂，左手擒敵腕下壓前推，釋右手衝拳擊敵頭面耳。

4. 招式名：攀藤蹬根

動作名：起腳蹬踹

設已兩手捆拿敵雙臂，即移動右腳，使重心穩在右腿

（圖3－314）。隨即起左腳，向敵腹胸部蹬踢（圖3－315）。釋手敵必跌出，不釋手敵必重傷。

散手應用（析3手）

設已捆拿敵雙臂：

（1）即右腳移步，以左腳高蹬敵胸腹部。

（2）或右腳移步，以左腳低蹬敵膝臁，或彈踢敵襠部。

（3）或以左手捋手捋拿敵腕，使敵右肘屈夾敵左肘部。左腳移步，以右腳蹬踹敵右膝臁。

5. 招式名：提籃看花

動作名：摯手進擊

設以左拗步捋手，捋擒敵右腕（圖3－316）。敵若向上掙扎，即以右捋手上提（圖3－317）。同時，上右步。以左拳向敵右腋肋部進擊（圖3－318）。

圖3－314

圖3－315

圖3－316

圖3－317

散手應用（析３手）

設以左拗步捋敵右腕：

（１）上右步，右捋手擒敵腕上提，以左拳進擊敵右肋。

（２）或以右捋手上提，挈敵右手。左進步，以右掌前按擊，切折敵右腕。

（３）或以右捋手上提，以左手外撥敵右臂。左腳裡踢敵右腿，致敵仰跌。

圖3－318

6. 招式名：十字披紅

動作名：甩手絆踢

設以左拗步捋手，挈敵右腕上提，左腳尖上蹺（圖

3－319）。或以左腳跟勾掛敵小腿（圖3－320），並以
右捋手，用切勁甩手擲敵右手（圖3－321）。或以左掌
推擊敵右肩，向敵左方橫擊，並以右腳踢掛敵左小腿（圖
3－322）。

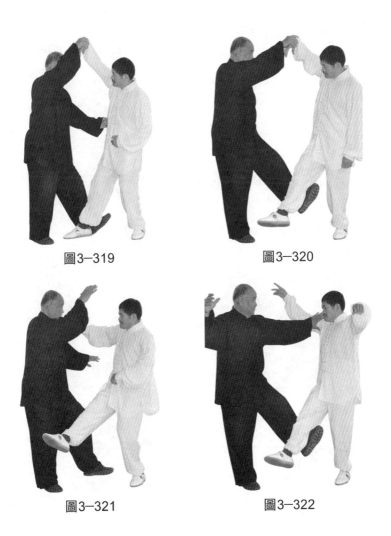

圖3－319　　　　　　　　　圖3－320

圖3－321　　　　　　　　　圖3－322

散手應用（析 3 手）

設以右抒手上提，摯手回帶，敵若掙扎：

（1）即以左腳尖勾蹺，以右抒手上提，甩手前擲，敵必後撤右腳，受我腳尖絆跌。

（2）或以右抒手上提敵腕，以左掌推敵右肩，向敵左橫擊。並以右腳踢敵左小腿。

（3）或以右抒手上提，以左手托敵右肘，向敵身後甩擺。並以左腳勾掛敵右腳跟前帶。

7. 招式名：黑熊探掌

動作名：扣手探掌

設以左拗步抒手擒敵右腕，以左手扣擒敵右小臂（圖3－323）。釋右手以探掌，向敵面部探抓（圖3－324）。敵必以左手抵架（圖3－325）。

圖3－323

圖3－324

圖3－325

散手應用（析3手）

設以左拗步挦手，鎖挦敵右腕：

（1）即以左手擒敵右腕，推按於敵臂後，釋右手以俯掌撫敵身，向上探拓敵面鼻。並衝步進身，敵必後跌。

（2）敵若以左手抵攔，即翻手抓敵左手，上沖前撞，擊敵頭胸。並衝步釋放，敵必倒跌。

（3）或以右挦手上提，以左掌托敵右肘，上托前按，並釋右手下落，拍擊敵面鼻。若進步前衝，兩手下落劈拍，敵必倒跌。

8. 招式名：黑熊反背

動作名：擰身封手

設以探掌擊面誘敵，敵若以左手抵攔，即以左探掌挦採敵左腕，撤帶敵左臂伸展（圖3－326）。身向右擰。左手擒敵右腕上提，屈左肘上夾敵左臂（圖3－327）。身復向左擰。

圖3－326　　　　　　　圖3－327

散手應用（析 2 手）

設以左手扣擒敵右腕，右手探擊敵面鼻，敵若以左手抵攔：

（1）即以右掌刁採敵左腕，右擰身撤帶，使敵左臂伸展。繼以左手擒敵右腕上提，於敵左臂下方，搬扣敵左肘；即以右手下壓，擱敵左臂。

（2）或以左手擒敵腕上提，屈左肘，上夾敵左臂。身復向左擰轉，移步擺折敵左臂。

9. 招式名：飛腳奪門

動作名：起腳分踢

設以夾臂擰身，折擱制敵，即以兩臂上舉（圖3－328）。起右腳彈踢敵頭，或襠部（圖3－329）。釋手敵倒。

散手應用（析 3 手）

設已夾敵臂封手，敵若掙扎：

（1）即以兩臂上舉，移左步，起右腳踢敵胸、頭部。

圖3－328

圖3－329

（2）敵若下掙力，即以上舉兩臂，釋放兩手，以雙掌向左前劈按，並進步衝身，致敵倒跌。

（3）或釋右手拍擊敵左肩頭，以左手捋敵左臂，向左方橫抹，並起右腳踢敵腹 襠部。

10. 招式名：猛虎攔路

動作名：搖身橫攔掌

設以右拗步捋手，捋擒敵左腕（圖 3－330）。以右掌由敵左臂上方，搖身向右上，橫擊敵頭面（圖 3－331），誘敵右手抵攔（圖 3－332）。

散手應用（析 2 手）

設右拗步捋手捋敵左腕，以右橫攔掌擊敵頭面，

圖3－330

圖3－331

圖3－332

誘敵以右手抵格：

（1）即左将手擒腕，上提前推。並擰身向左帶動，右橫攔掌翻掌，向右抹壓敵頭面，致敵於股掌之間。卸樁步倒敵。

（2）或以右橫攔掌，翻手擒敵右腕，上提前推，並向敵頭後按壓；左将手亦上提，推於敵胸心部，致敵於股掌之間，任意倒敵。

11. 招式名：老叟披衣

動作名：虛步捆鎖

設敵以右手抵攔，即以右橫攔掌，将拿敵右腕，向敵左下方将採（圖3－333）。並撤回右腳，腳尖點地（圖3－334），使敵臂成十字捆鎖（圖3－335）。

圖3－333

圖3－334

圖3－335

散手應用（析 2 手）

設敵若以右手抵攔：

即以右手採捋敵右腕，向敵左下方捋採，左捋手上提前推，十字捆鎖敵雙臂。並撤回右腳，以腳跟勾掛敵左腳，右腳尖點地。

（2）或以十字捆鎖敵臂，即以右手擒右腕，向敵右上方推，左手捋擒敵左腕，旋腕擰捌。移左步，右轉身，以右腳掃踢敵腿腳。釋手倒敵。

12. 招式名：野馬踢蹄

動作名：移步裡踢腳

設以十字捆鎖敵臂，右腳向右側移步，兩手擰捌敵臂（圖 3 - 336）。起左腳，由外向裡踢擊敵身（圖 3 - 337）。

散手應用（析 3 手）

設以十字捆鎖敵臂，敵若掙扎：

圖3-336　　　　　　　圖3-337

（1）即以捆鎖敵臂上推，並隨右腳右移步，起左腳，以裡合腳，踢擊敵肩頭。

（2）以右手擒敵右腕，向前下捋按。右腳前移步，釋左手以拳衝擊敵頭胸部。

（3）或以左捋手，擒敵左腕上提，向敵右下方捋擒，釋右手，移左步，起右腳裡踢敵身。

13. 招式名：老君伏虎

動作名：上步後拍掌

設以左拗步捋手，捋住敵右腕。右腳向敵右腳外側上步。兩手在己腰後，合掌拍交敵手（圖3－338）。身向左轉，以左手接擒敵右腕（圖3－339）。

散手應用（析2手）

設以左拗步捋手，捋住敵右腕：

（1）即以右捋手上提內旋，捌擒敵右腕；左手由敵脖後，扣擒敵下頦或咽喉。並擰身左轉，致敵於股掌之間，

圖3－338

圖3－339

移步倒敵。

（2）以右手将敵右腕，上右步左轉身，兩手在己腰後，合拍移擒敵手，由左手接擒敵右腕，釋右手上提，屈肘夾敵脖，鎖敵喉項。並左轉體，折敵右臂。

14. 招式名：聖人拱手

動作名：轉身提拍掌

設我左手擒敵右腕上提（圖3－340）。轉身與敵成同一面向，右手上舉拱手，接擒敵右手（圖3－341）。

散手應用（析2手）

設以轉身背後接手：

（1）以左手接擒敵右手腕，摯手上舉，即以兩手共握敵腕，向前抒採。並起左腳向後，撩踢敵襠部。

（2）或以兩手上提敵腕，以肩支擔敵臂，拱手擒敵腕下搬，折撅敵臂。

圖3－340

圖3－341

15. 招式名：迎風擺蓮

動作名：起腳擺蓮

設我雙手擒敵右腕，摯
手上舉（圖3－342）。即
起左腳，向左後橫擺，踢敵
襠或膝部（圖3－343）。
並以兩手向右發力甩臂，或
右轉身（圖3－344）。

散手應用（析3手）

設以兩手擒敵右腕上
提：

圖3－342

（1）左腳向左移步。以左手擒右腕，向左外擺捌，並
以右手助力。起右腳向敵左肩後擺踢。並以右掌向前閃擊
敵面。

圖3－343

圖3－344

（2）或以右腳，向敵後腰部擺踢，或敵腿膝後彎處擺踢。

（3）或以兩手拱摯敵右腕，向前牽引。以左腳向左後擺踢敵腹襠部，或膝蓋。

16. 招式名：鐵門閂鎖

動作名：橫攔捆鎖

設以右拗步抒手，抒住敵左腕（圖3－345）。搖身以右橫攔掌，擺擊敵頭面（圖3－346）。敵以右手抵攔（圖3－347），即以右掌抒擒敵右腕，向右下方採抒（圖3－348）；並以左抒手上提，捆鎖敵雙臂（圖3－349）。同時右腳前移步，身體貼近敵身，逼敵身後仰（圖3－350）。

散手應用（析5手）

設以右拗步抒手，抒住敵左腕：

（1）搖身以右掌橫擊敵頭面，右搖身，右肘臂沉落

圖3－345

圖3－346

敵脖，左捋手上提，制敵於我股掌之間。敵若掙扎，即移步卸椿倒敵。

（2）或制敵於股掌之間，敵若以右手扣攔，即以左捋手上提，右手擒敵右腕回搬，折敵右臂。釋左手拳擊敵頭面。

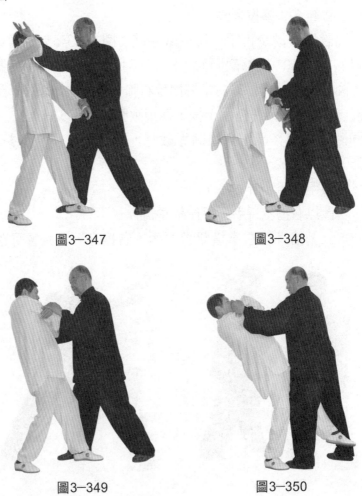

圖3—347　　　　　　　　圖3—348

圖3—349　　　　　　　　圖3—350

（3）或以右橫攔掌擊敵，敵若以右手抵攔，即以右手捋敵右腕，向敵左身側下捋採，並上提左捋手，捆鎖敵雙臂，貼身進步，逼敵身後仰跌。

（4）或以搖身誘敵，右手下接擒敵左腕，兩手上提敵左腕，即屈右肘下夾敵左臂，兩手向右前搬折敵左腕，體右轉，釋左手橫掌切擊敵脖，沉肘向左抹敵面頰。即提左膝撞擊敵身。

17. 招式名：鐵牛耕地

動作名：膝胯連擊

設敵已被捆拿閂鎖，制身後仰（圖3－351）。即提左膝頂擊敵腹襠（圖3－352），左腳落地踩敵中門，橫身以胯撞擊敵腹襠（圖3－353）。並以左拳前擊敵胸（圖3－354），右拳後甩。

散手應用（析4手）

設以右橫攔掌擊敵面，敵以右手抵攔：

圖3－351

圖3－352

圖3－353　　　　　　　圖3－354

　　（1）即以右手捋敵右腕，向敵左肩方捋採，左捋手上提。並進身逼敵仰身，即提左膝頂擊敵腹襠。

　　（2）膝頂後落腳，踩進敵中門，擰身以左胯橫撞敵腹襠。

　　（3）或膝頂胯撞落步時，以左拳前擊敵胸心，右拳後擊助勢，致敵後跌。

　　（4）或捆鎖敵雙臂，頂膝後腳踩中門，以兩掌前推敵身，致敵遠跌。

18. 招式名：黃龍探爪

動作名：順勢探掌

　　設以左拗步捋手，捋擒敵右腕（圖3－355）。以

圖3－355

圖3－356   圖3－357

左掌向前探撲敵面部（圖3－356）。敵以左手抵格（圖3－357）。

散手應用（析2手）

設以左拗步挌手，挌擒敵右腕：

（1）以左掌順敵右臂，探撲敵頭面，沉肘左回抹，制敵頭項；即以兩手前推按，進步倒敵。

（2）或以左掌撫敵臂，前探右推抹，勾掌夾敵頭項；同時，右挌手向敵身後推按，卸步倒敵。

19. 招式名：拉馬倚蹬

動作名：挌手捆拿

設以左探掌撲擊敵面，敵左手抵格（圖3－358），即以左掌採挌敵左腕，向左下方採挌（圖3－359）；並以右挌手上提（圖3－360）。左腳向左移步，右腳屈膝上提，橫蹬敵右膝內側（圖3－361）。

圖3-358

圖3-359

圖3-360

圖3-361

散手應用（析2手）

設以左探掌撲擊敵面，敵若以左手抵格：

（1）即以左手擒敵左腕，向左下捋擒；並以右捋手擒敵腕，上提前推。同時，左腳裡勾敵右腳或小腿。

（2）或以左抒手下抒，右抒手上提，捆擒敵兩臂。移左腳，提右腳蹬踩敵膝關節。

20. 招式名：快馬加鞭

動作名：進步雙擊拳

設已捆拿敵兩臂，右腳前蹬敵膝腿，前踩落步（圖3－362），隨即左腳前進一步。同時，兩手擒敵腕，作拳向前推擊（圖3－363）。

散手應用（析3手）

設已捆拿敵雙臂，右腳蹬敵右膝腿：

（1）即以右腳向前踩步，以身逼敵。同時，兩手擒拿敵腕上提。進左步，作拳向前平衡推擊。

（2）或落踩右腳，以兩手擒拿敵腕，上提摰舉。進左步，以雙拳下劈砸敵頭面達胸。

（3）落踩右腳時，左轉身下蹲，並以兩手擒敵腕，隨蹲勢下按前推，終達地面。

圖3－362

圖3－363

21. 招式名：朝天蹬腳

動作名：分手奔踢

設以右拗步捋手，擒敵左腕，繼以右手扣敵左腕，騰左手向敵面部探擊（圖3－364）。敵以右手抵攔（圖3－365），即以左手擒捋敵右腕，下捋於己體左側（圖3－366）；同時，右手採敵左腕，擒於己體右側（圖3－367）。起左腳上蹬敵頭胸部（圖3－368），或前蹬敵腹部（圖3－369）。

散手應用（析3手）

設以右手扣擒敵左腕，左手掌探擊敵面部，敵若以右手抵攔：

（1）即以左手捋敵右腕，捋擒於體左側，並以頭撞擊敵面鼻。

（2）或以兩手擒拿敵兩腕，上提回帶舉摯，以左膝頂擊敵腹襠部。

圖3－364

圖3－365

（3）兩手擒敵腕下落外分，起左腳上蹬敵頭胸，或腹襠部，落腳劈擊敵身。

圖3-366

圖3-367

圖3-368

圖3-369

22. 招式名：魚跳龍門

動作名：落步提手

設以左腳蹬踢敵頭胸，落腳力劈敵身，以腳尖點地（圖3－370）。落劈腳時，兩手擒敵兩腕上提（圖3－371），或舉摯於頭上方（圖3－372）。

圖3－370

散手應用（析2手）

設以左腳蹬踢敵頭胸，落劈敵身時：

（1）即以兩手擒敵兩腕，上提摯舉於頭上方。左腳進步，兩手向前下劈切敵兩腕關節，終達頭胸。

（2）或擒提敵兩腕，裡旋外推捌。進左步，以右腳蹬踢敵膝臁。

圖3－371

圖3－372

23. 招式名：蛟龍入海

動作名：進步雙按掌

設已擒敵兩腕上提摯（圖3－373），左腳前進一步，右腳跟進。並上提兩手，同步向前下方推按（圖3－374）。

散手應用（析3手）

設以兩手擒敵兩腕，上提摯舉，敵若掙脫後退：

（1）即以進步，落兩手，以掌拍擊敵頭兩耳面。

（2）或擒敵兩手落於腹合擊，釋兩手作掌前推按敵胸腹。

（3）或以上提兩手，隨進步，先後分落敵身中線，前按擊。

圖3－373

圖3－374

第六節　六翻手捆鎖擲打法

1. 招式名：順蔓摸瓜

動作名：順柔捋手

設敵用左拳向胸頭部擊來（圖3－375），即以右手掌向左攔敵擊拳（圖3－376），左手由右臂下向上，順敵左臂內捋擒敵左腕（圖3－377）。此謂左順柔捋手。

圖3-375

散手應用（析4手）

設敵用左拳當胸擊來：

（1）即以右掌向右攔敵拳，並以四指扣擒敵大拇指，以大拇指頂壓敵手背，向右上提擺撅折敵腕。

圖3-376

圖3-377

（2）或以右手擒敵左腕，向右搬。上左步，以左手探掌擒敵脖鎖喉。

（3）或以左順柔捋手，擒敵左腕內，向左上提捌敵臂，而下壓前推。上右步，以右手仰掌鎖喉。

（4）或以右掌探抱敵頭頸，向右搬抹，撤右步倒敵。

2. 招式名：順風扯旗

動作名：撲面反背掌

設敵左拳當胸擊來，即以左順柔捋手，擒敵左腕（圖3－378）。上右步，以右撲面掌擊敵面鼻（圖3－379）。敵若以右手抵格（圖3－380）。即以右手捋敵右腕，向我右下方捋擒（圖3－381）；並以左捋手上提，釋左手，以反背掌擊敵右耳面（圖3－382）；繼之以左掌旋摸敵面，向敵身後按壓（圖3－383）。

圖3－378

圖3－379

散手應用（析 3 手）

設以左順柔挒手，挒擒敵左腕，上右步，以右掌撲擊敵面：

（1）敵若以右手抵格，即以右掌挒擒敵右腕，向右下方挒採，左挒手上提前推，進步衝身倒敵。

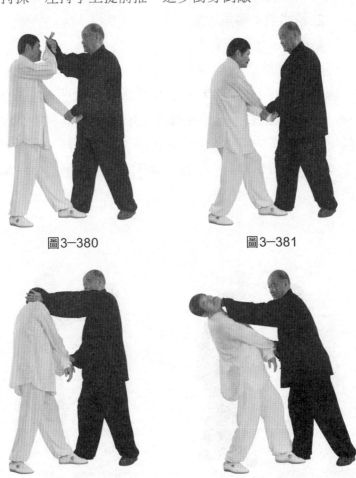

圖3-380　　　　　　　　　　圖3-381

圖3-382　　　　　　　　　　圖3-383

（2）或以左挒手上提至
敵肩，釋左手以反背掌擊敵
右耳臉，並以右手挒擒敵右
腕下按。

（3）或右手挒敵右腕，
繼向右下挒採，左掌旋抹敵
面，向敵身後按壓。進步衝
身倒敵。

3. 招式名：伏虎奔山

動作名：捆鎖抱擲

圖3—384

設以左挒手擒敵左腕，右手挒敵右腕，十字捆鎖敵臂
（圖3－384）。釋左手反背掌擊敵右耳面，並旋抹敵面
（圖3－385）。右挒手上提向前按敵右腕，至敵左肩上
（圖3－386）。左手滑下抱敵後腰，即移於敵腹前（圖3－
387）。釋右手，兩臂同時向外撐擠抖力（圖3－388）。

圖3—385

圖3—386

圖3-387　　　　　　　　圖3-388

散手應用（析 2 手）

設以十字捆鎖敵臂，敵欲掙退：

（1）即以左手下抱敵後腰眼，右手上提敵右腕，按於敵左肩，兩臂合力捆抱敵身。

（2）敵若力掙，即速移左臂於敵腹前，並釋右手，兩臂同時外撐擠抖力。並以進步助勢擲敵。

4. 招式名：金龍纏柱

動作名：撲面捆鎖

設以左順柔捋手，捋擒敵左腕（圖3－389）。上右步，以右撲面掌擊敵（圖3－390）。敵若以右手抵格（圖3－391），即以右撲面掌翻手，捋擒敵右腕，向右下採按（圖3－392）。同時，左捋手上提敵腕，至敵右腋下（圖3－393）。移進右步，貼近敵身。提左膝頂撞敵腹部（圖3－394）。

散手應用（析２手）

設以左抒手、右撲面掌擊敵，敵若以右手抵格：

（１）即以右撲面掌翻手，抒擒敵右腕，向右下抒採；同時，左抒手上提敵腕於敵右胸前，即釋左手拓印敵面鼻，或上托敵頦，進步倒敵。

圖3－389

圖3－390

圖3－391

圖3－392

圖3-393

圖3-394

（2）或左捋手上提敵左
腕於敵右肩上，右捋手捋敵
右腕於敵左肩上，十字捆鎖
敵雙臂。進右步貼近敵身，
提左膝頂擊敵腹襠部。

5. 招式名：臥龍戲水

動作名：歇步擲打

設以捆鎖敵臂，提膝擊
敵。敵若後撤，即伸腿向前
踹蹬敵腿膝（圖3-395），

圖3-395

落腳即擰身疊步（圖3-396）。以兩手前推下按，並歇
步坐勢（圖3-397）。

散手應用（析3手）

設以膝頂擊敵腹，敵若後撤：

圖3-396　　　　　　　　圖3-397

（1）即以膝頂腿前蹬，踹踢敵腹襠，或膝臁。並以釋擲捆手倒敵。

（2）或以膝頂敵後，落腳疊步擰身。兩手先後推按敵身，並歇步坐勢倒敵。

（3）以左捋手、右撲面掌擊敵面，敵必以右手抵格，我即上提左捋手前推至敵頭面，右手順敵肩背順摸，至敵左腿膝後處，左手前推，右手扣搬，致敵倒跌。

6. 招式名：抹雲蓋月

動作名：拗步撲面掌

設以左順柔捋手，捋擒敵左腕，以右撲面掌擊敵面部（圖3-398），誘敵以右手抵攔（圖3-399）。

散手應用（析2手）

設以左手捋擒敵左腕：

（1）以左捋手左上提捌，右手順敵左膊上撫摸，撲

圖3-398　　　　　　　　　圖3-399

擊敵面鼻，並向右抹。同時，屈膝蹲身，鬆肩垂肘倒敵。

（2）右掌撲面擊敵，敵若以右手抵攔，即以右掌捋敵右腕，向敵左身側下捋採，並以左捋手上提前推，衝步坐勢而倒敵。

7. 招式名：暗度陳倉

動作名：滾手捆鎖

設以左手捋敵左腕，右掌撲擊敵面，並捋擒敵右抵手腕（圖3-400），下按滾拿敵左臂肘上方（圖3-401）；左捋手上提，滾拿敵右肩脖部（圖3-402）。

散手應用（析2手）

設撲面掌擊敵，敵以右手抵攔：

（1）即以右撲面掌捋敵右腕，向右捆壓敵左臂肘部；上左步，釋左手以拳上沖，擊敵下頦和咽喉部。

（2）或捋敵右腕，壓敵左肩，即左捋手上提前推，滾

壓捆敵右大臂，以左掌抓擒敵右肩或鎖骨，釋右手，以拳
摜擊敵頭左額。

8. 招式名：地震山崩

動作名：合手擠擲

設已滾拿捆鎖敵臂（圖3－403）。右腳前進一步，

圖3－400

圖3－401

圖3－402

圖3－403

左腳跟進（圖3－404）。左腳前進一步，釋左手旋臂滾壓，以小臂擠壓敵左臂（圖3－405）。釋右手，按於己左腕內（圖3－406），並以兩手合力擠擲敵胸。

散手應用（析2手）

設已捆鎖敵雙臂，敵必掙扎：

（1）即借敵掙扎之機，上左步衝身，以兩掌前推劈按敵身，致敵遠跌。

（2）或以左臂滾壓敵兩臂，即以右手排按己左腕內，震擊倒敵。

9. 招式名：穿雲見日

動作名：上步撲面掌

設以左順柔将手，将擒敵左腕，上右步，以右撲面掌擊敵面部（圖3－407），誘敵以右手抵攔（圖3－408）。敵若不抵攔，即撲面抱腰折（圖3－409）。

圖3－404　　　　　　　圖3－405

散手應用（析2手）

設以左手将擒敵左腕，上右步右撲面掌擊敵，敵以右手抵攔：

（1）即以左将手上提，上左步逼貼敵身，以右撲面掌擒敵右腕，向敵頭後推按，左将手提架敵右肘，釋右手以拳擊頭或左肋。

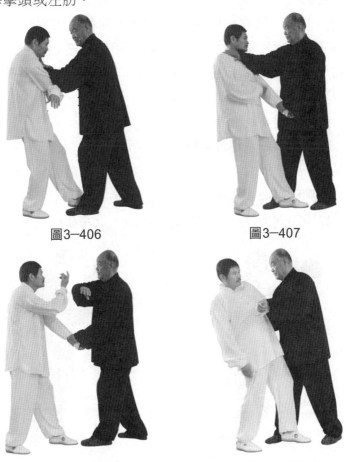

圖3-406　　　　　　　　圖3-407

圖3-408　　　　　　　　圖3-409

（2）或以右撲面掌，抒敵右腕下抒按於敵左肩，左抒手上提，扣壓敵右小臂；釋右手，以拳上擊敵頭面，或下擊敵腹部。

10. 招式名：猛虎伏槽

動作名：折腰捆鎖

設已抒敵左腕，右撲面掌擊敵，敵以右手抵攔（圖3－410），即以右撲面掌抒敵右腕，向右抒扣鎖敵左肩（圖3－411）；左抒手上提敵腕，扣鎖敵右肩（圖3－412），使敵兩臂十字捆鎖胸前。繼以右手順撫敵背下滑，抱敵腰眼（圖3－413），敵身必折。

散手應用（析3手）

設左抒手、右撲面掌擊敵面：

（1）敵若以右手抵攔，即以右撲面掌抒敵右腕，向右抒，扣鎖敵左肩；左抒手上提，扣鎖敵右肩，十字封鎖敵臂，以兩手向上捧托。右腳暗進半步，以左腳跟裡勾敵左

圖3－410

圖3－411

圖3－412　　　　　　　　　　圖3－413

腿彎，釋放雙手倒敵。

　　（2）或以捆鎖敵兩臂，以右手下抱敵腰眼，左手按壓敵肩，折敵腰身，釋手倒敵。

　　（3）敵若不抵攔，即以右掌撲擊敵面，左将手提按敵腹部前推，進步衝身倒敵。

11. 招式名：水拍崖山

　　動作名：雙拍按掌

　　設以折腰捆鎖致敵身後仰（圖3－414），後腳暗進一步，並蹲身下伏（圖3－415）。右手急移於敵胸前（圖3－416）。右腳前進一步，並伸腰展身，兩手合力下按前推敵身（圖3－417），敵必遠跌。

　　散手應用（析3手）

　　設已折腰捆鎖敵身，敵若掙扎：

　　（1）即移右手於敵胸前，按敵雙臂，並以兩手合力，

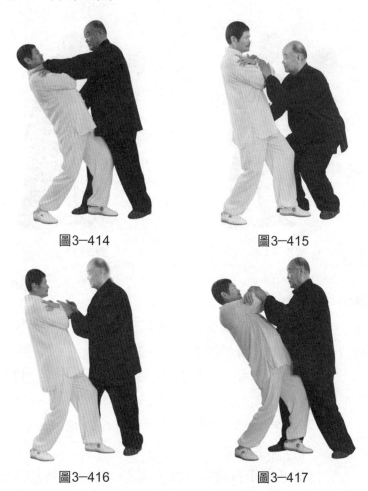

圖3-414　　　　　　圖3-415

圖3-416　　　　　　圖3-417

拍擊敵上身及兩臂，震敵後跌。

（2）或移右手於敵胸前，即伏身下按敵兩臂，繼以伸腰展力，向前推按敵身。

（3）或右手下移至敵左腿膝後，向右推按，左手向左按敵肩脖，卸步轉身倒敵。

12. 招式名：照前顧後

動作名：拗步順捋手

設敵用右拳當胸直擊（圖3－418），即上左步，左掌向右攔敵右拳（圖3－419），右手順柔捋敵右腕（圖3－420），兩手擒敵右手腕上提，舉至頭右上方（圖3－421）。

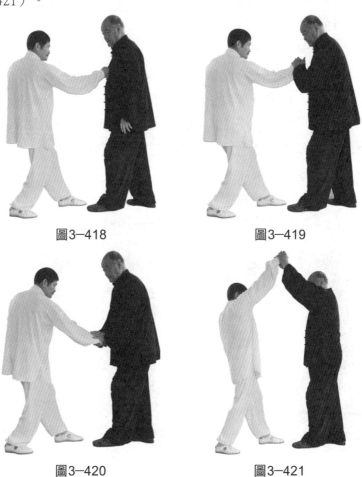

圖3－418　　　　　　　　　圖3－419

圖3－420　　　　　　　　　圖3－421

散手應用（析 2 手）

設敵用右拳當胸直擊：

（1）上左步閃身，以左掌向右攔擒敵右拳，右手順柔捋擒敵右腕，兩手擒敵右腕，向我右肩前領，以左小臂擠靠敵右臂，挫折敵腕臂。

（2）或以兩手擒敵右腕，上舉右領下撅，挫折敵腕。

13. 招式名：馬上拜佛

動作名：馬步合掌

設以兩手擒敵腕上舉，即向右轉身（圖 3－422），馬步下蹲。兩掌合拾下落於胸前（圖 3－423），以左手擒敵右掌，向左方平擺（圖 3－424）。起左腳勾踢敵右腳腕，並勾掛敵腿上提（圖 3－425），成跨虎勢。

散手應用（析 4 手）

設以兩手擒敵右腕：

（1）即以兩手掌合力捻手，挫敵腕臂。

圖3–422　　　　　　　　圖3–423

圖3-424　　　　　　　　　　　圖3-425

（2）或兩手擒腕，向右轉身，左右折撅敵手腕。

（3）或兩手擒腕上舉下落，上下挫折敵腕。

（4）或以左手擒敵手背，向左平擺。以左腳勾踢敵右腳或腿提掛，釋手倒敵。

14. 招式名：虎踞龍盤

動作名：雙推後掃腿

設已勾踢敵腿落腳，即以弓步雙推掌擊敵（圖3-426）。左腿屈膝下蹲，雙掌著地，轉身以右腳後掃敵腿（圖3-427）。

散手應用（析3手）

設以擺捯掌勾踢敵腳腿，未能倒敵：

（1）即以踢腳前落，以兩掌向前推擊敵胸。

（2）或以踢腳前落，兩手著地，轉身以右腿後掃敵腿。

圖3-426　　　　　　　　圖3-427

（3）或以踢腳落地，左掌擒敵腕回撤，以右掌接擒敵腕，向右擺捌，左掌劈切敵肩脖。

15. 招式名：就地生風

動作名：順捋橫攔

設以右順柔捋手，擒敵右腕。上左步，以左橫攔掌擊敵頭部（圖3－428），誘敵左手抵攔，俟機蓄變。敵若以左手抵攔（圖3－429），即以左手擒敵左腕，向左下方捋捌（圖3－430）。

散手應用（析5手）

設以右順柔捋手擒敵右

圖3-428

圖3-429　　　　　　　　圖3-430

腕，上左步，以左橫攔掌擊敵，誘敵左手抵攔：

（1）敵若以左手抵攔，即以右將手上提，架住敵左臂；左手臂從敵右臂下插入，以橫攔掌擊敵胸頭。

（2）敵若不抵攔，即以左臂襯敵右臂，右將手下搬壓，折擻敵臂。

（3）敵若掙扎，即以左臂翻滾，橫臂前擠敵身；並以右將手前推，合力擠擻。

（4）敵若以左手抵攔，即以左手將擒敵左腕回撤，使敵左臂於敵右臂下，搬扣擻折敵臂。

（5）或由敵右臂上橫擊敵。敵以左手抵攔，即以左手將敵左腕，向左下方將採；同時，右將手上提搬扣敵左臂，左手擒敵左腕前推，擻折敵臂。

16. 招式名：青龍探爪

動作名：蓋步捆鎖

設已右手捋敵右腕上提，左手捋敵左腕下捋，捆敵兩臂（圖3－431）。即左腳左移步，右腳前進一步，落於左腳前，交叉疊步（圖3－432）。同時，右手掌前探敵肩脖（圖3－433）。

圖3-431

散手應用（析3手）

設以右順柔捋手，捋敵右腕上提：

（1）即以敵右臂下橫攔擊敵。敵若以左手抵攔，即以左手捋擒敵左腕，回撤捋敵左腕至敵右臂下。左轉身疊步，右捋手推按敵右腕，捆鎖挫折敵右臂。

（2）或我以敵右臂上橫攔擊敵。敵若以左手抵攔，即以左手捋敵左腕回撤，向左下方捋採；同時，退左步，右

圖3-432

圖3-433

轉身疊步捆鎖，左捋手推
按，挫折敵左臂。

（3）或以由敵右臂上橫
欄擊敵。敵若以左手抵攔，
即以左手捋敵左腕，向左下
方捋採；並以右捋手上提至
敵左腋下，即釋右手探掌抓
敵脖頸，左捋手上提前推。
上右步蓋步右轉身，右手回
帶，左手前推挫擰敵身。

圖3-434

17. 招式名：惡龍鬧海

動作名：探掌擠擲

設以右掌探抓敵肩脖，擰身回帶（圖3－434），左
手擒敵左腕上提前推（圖3－435）。或以左臂前伸探掌，
以膊擠擲敵身（圖3－436）。

圖3-435

圖3-436

散手應用（析 2 手）

設以左橫攔掌擊敵面，敵若以左手抵攔：

（1）即以左橫攔掌，捋擒敵左腕於敵腹前。並以右捋手上提捆鎖，釋右手以右膊橫擊前擠敵身。左手擒敵腕，下推擊敵腹襠，進步倒敵。

（2）或以下橫攔擊敵。敵若以左手抵攔，即以左手捋敵左腕至敵腹前，右捋手下按敵右腕至敵腹前左臂上。上右步進身，釋左手上提，以臂橫擠敵身。

18. 招式名：行步撩衣

動作名：托肘撩掌

設敵用右拳當胸擊來，即以右順柔捋手，捋敵右腕（圖3-437）。右捋手擒敵腕上提（圖3-438）。左進步，右腳跟進，以左手上托敵右膊肘（圖3-439）。左手向敵身後推壓，右手以掌向敵腹襠部撩擊（圖3-440）。

圖3-437　　　　　　　圖3-438

圖3-439　　　　　　　　圖3-440

散手應用（析 4 手）

設以右順柔抒手，抒敵右腕：

（1）右抒手上提敵手腕，施其手心向上，並拓腕反折敵右腕。

（2）或以右抒手上提，上左步，以左手上托敵右膊肘，右抒手下搬壓敵腕，擫折敵臂。

（3）或左手上托敵右膊肘，向敵身後推按，釋右手，以掌撩擊敵腹襠部。

（4）或左手上托敵膊肘，前推按。敵若掙扎後退，即釋右手落下拍擊敵頭面或胸，並進步倒敵。

19. 招式名：海底插針

動作名：提手栽捶

設以右掌撩擊敵襠，即以左腳前進一步，以右撩掌勾手上提，擊敵下頦（圖3-441）。並翻手擒敵右腕，向

右前按壓（圖3－442）。
右腳前進一步，釋左手變
拳，向前下方敵腹襠部栽擊
（圖3－443）。

圖3－441

散手應用（析2手）

設以左手托敵膊肘，右
手掌撩擊敵襠部：

（1）即以左腳前進一
步，以右撩掌勾手，上提擊
敵下頦。

（2）右手上提擒敵右腕，向右捋按，至敵左肩上，上
右步釋左手，以拳栽擊敵腹襠部。

20. 招式名：海底撈月

動作名：轉身撈月

設以左拳栽擊敵腹。敵以左手抵攔（圖3－444），

圖3－442

圖3－443

即以左拳變掌，擒敵左手腕（圖3－445）。體右轉成馬步，兩手擒敵腕向下，至膝前摟抱成十字手勢（圖3－446），至胸前兩掌外翻，向正前方合力推擊（圖3－447）。

圖3－444

圖3－445

圖3－446

圖3－447

散手應用（析3手）

設以右手擒敵右腕，以左拳栽擊敵腹：

（1）敵若以左手抵攔，即以左拳變掌，擒拿敵左腕，轉體下蹲馬步。即以兩手擒敵兩腕，向馬步兩側膝外按壓。敵若前傾，即以一手上提，一下按壓，擰身倒敵。

（2）敵若前傾身頭撞我胸，即以兩手擒敵兩腕摟抱於膝前十字捆拿，並上提前撅敵腕臂，敵身必後仰。

（3）或十字捆拿敵腕於我胸前，即兩手合力，翻掌前推，擊敵腕臂達胸。

21. 招式名：金剛搗捶

動作名：捋手砸捶

設以右順柔捋手，擒敵右腕（圖3－448）。左腳前移於右腳內側，併步下蹲。右捋手旋擰，俟我手心向上，左手以拳落於右手上方，顛砸敵右手背（圖3－449）。或左手掌落於腹前，接擒敵右腕（圖3－450）。

圖3-448

圖3-449

散手應用（析 3 手）

設以右順柔捋手捋敵右腕，移步下蹲：

（1）即以右捋手，擒敵右腕旋擰，交左手接擒敵右腕，釋右手，以反背拳擊敵頭右面額。

（2）或右手擒敵腕旋擰，以左拳反背搗砸敵右手背。

（3）或左手接擒敵右腕，向左下採壓，以右掌拓按敵右膝內側，並兩手前後撐按。

22. 招式名：流星趕月

動作名：提封衝拳

設以左手接擒敵右腕，向左上方提拿（圖 3－451）。並以左腳向左前方進步，右拳向敵下頦衝擊（圖 3－452）。繼以右拳變掌，擒拿敵抵攔手腕或衣袖，向右上方提拿（圖 3－453）。左手擒敵腕下落，並向右穿插，至敵左臂下方（圖 3－454）。並挑夾敵左臂，向左橫挑擺（圖 3－455）。即以右拳上沖敵下頦（圖 3－456）。

圖3－450

圖3－451

或以右小臂和肘尖，向前擠撞敵胸心（圖3－457）。並以進步助力。

散手應用（析4手）

設以左手接擒敵右腕：

（1）即以左捋手，向左上方提捌敵右臂，以右拳上沖

圖3—452

圖3—453

圖3—454

圖3—455

圖3－456　　　　　　　　圖3－457

敵下頦或脖咽。

（2）右拳上沖。敵若以左手抵攔，即以右手捋敵左腕，向右上方提拿；以右腳蹬踢敵腹襠，或膝臁。

（3）右腳前落步，左手擒敵腕下落，向右穿插於敵左腋下，以左肘小臂擠擊敵胸，進步倒敵。

（4）或以左手擒敵腕，穿插於敵左臂下，屈肘向左橫挑敵左臂，以右小臂或肘尖，向前擠撞敵胸心部，進步倒敵。

第七節　七翻手截拿捆打法

1. 招式名：老君封門

動作名：捯手順夾

設敵用右拳當胸擊來（圖3－458），即以左手掌向

右攔挒，右手掌捯挒敵右肘
（圖3－459），左手掌捯
挒敵右大臂，將敵右膊夾在
我左腋下（圖3－460），
成捯挒手順腋夾。

圖3-458

散手應用（析6手）

設敵用右拳當胸來擊：

（1）即以左手攔挒敵右
拳腕，右手捯挒敵右肘處，
並以左手向左搬，右手向右
搬，擻折敵右臂。

（2）或以左手挒敵右腕下按，右手捯挒敵右肘上搬，
上下折敵右臂。

（3）或以左手挒敵右腕，下按前推，右手捯挒敵右肘
裡搬，並以兩手合力上提，即釋右手下插，以右肩前靠敵

圖3-459

圖3-460

胸膛。

（4）或以肩前靠為虛，右手提挑敵襠為實擊。

（5）左手攔挼敵右拳腕，右手捯挼敵右肘，左手再捯挼敵右大臂，將敵右膊夾在我左腋下。右摔身，左手掌下插，撥按敵胯或膝，壓折敵右臂。

（6）或左轉身，以右手掌下插，撥按敵胯或膝倒敵。

2. 招式名：橫舟擺渡

動作名：探掌滾肘

設以順腋夾敵右膊，以右掌五指向前探取敵面瞳（圖3－461）。敵以左手抵攔（圖3－462），即以左掌採挼敵左腕回撤，致敵左臂伸直（圖3－463）。即右轉身，以左臂屈肘，上夾敵左臂（圖3－464）。或以左手擒搬敵左肘（圖3－465）。身復向左轉，成左右戀肘夾擺（圖3－466），折撅兩臂。

圖3－461　　　　　　　　　圖3－462

圖3—463　　　　　　　圖3—464

圖3—465　　　　　　　圖3—466

散手應用（析４手）

設以順腋夾敵右膊，右探掌取敵面瞳，誘敵左手抵攔：

（1）以順夾敵右膊，右掌探敵面瞳。敵若不抵攔，即右掌指點敵雙眼，坐腕拓印敵鼻嘴。

（2）敵若以左手抵攔，即右掌捋擒敵左腕回撤，繼以右擰身，屈左肘折搣敵右臂。

（3）或以左臂屈肘上夾敵左肘，復向左擰身，戀夾折敵左臂。

（4）或以左手搬擒敵左肘處，身復向左擰，右手擒敵左腕下按，挫折敵左臂。

圖3-467

3. 招式名：羅漢擊鼓

動作名：合肘雙砸捶

設以左手搬擒敵左肘，以右手屈臂相助，兩手握拳挑敵左臂上舉（圖3-467）。即以鬆肩沉肘，雙拳下砸敵頭胸部（圖3-468）。或以左拳上舉架，右拳擊敵左肋部（圖3-469），成肘底看捶，亦為妙手。

圖3-468

圖3-469

散手應用（析 4 手）

設以順腋夾敵右膊，右探掌擊敵面，並回撤捋敵左抵手腕：

（1）即以左臂屈肘，以左手擒敵左腕，左帶上舉，右手握拳擊敵左肋。

（2）或以左手擒敵左腕，騰右手屈肘挫折敵左臂。

（3）或以兩手擒敵腕上舉，鬆肩沉肘，以兩拳下砸敵頭胸部。

（4）右手捋敵左腕下按，交於左手擒敵左腕，騰右手以拳擊敵頭面，或任意打擊。

4. 招式名：五龍爭珠

動作名：攔捋手探掌

設敵以左側後，用右拳向我頭肩擊來（圖 3－470），即向左後回身，以左手攔捋敵右拳腕（圖 3－471）。左腳移步，左手捋擒敵腕按壓，以右掌向敵頭面或喉部探抓

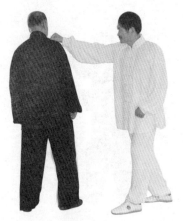

圖3－470　　　　　　圖3－471

（圖 3－472）。

散手應用（析 4 手）

設敵右拳從側後擊我頭部：

（1）即向左後回身，上抬左臂，以左手刁捋敵右腕或肘部，向左後捋甩，以左拳順擊敵右腋肋。

（2）或以左手攔捋敵右腕下按，右掌向敵面鼻或咽喉探擊。

（3）或左手捋敵右腕，上抬托架。上右步蹲身，以右拳直衝敵心窩。

（4）或以左手捋掛敵右腕臂，向左後掛甩。以左腳撲踢敵前腳或小腿。

5. 招式名：提籃掛臂

動作名：提手鎖肘

設以右手探掌，敵若以左手抵攔（圖 3－473），即以右手捋敵左腕，致敵臂伸展（圖 3－474）。即以左捋

圖3-472

圖3-473

手擒敵腕上提，並屈肘上夾敵左臂（圖3－475）。繼以腰身左擰，使敵臂關節反折（圖3－476）。

圖3－474

散手應用（析2手）

設以右探掌擊敵，敵若以左手抵攔：

（1）即以右手捋敵左腕回撤，左手擒敵右腕上提，並屈肘上夾敵左臂，左擰身折敵左臂。

（2）夾折敵臂，敵若掙扎，即以進步衝身，兩掌翻挑推敵臂身，致敵倒跌。

6. 招式名：夜虎出林

動作名：虎抱頭栽捶

圖3－475

圖3－476

設以左臂屈肘夾住敵左臂，即釋右手捌拿敵右腕（圖3－477）。以兩手擒拳上推舉（圖3－478），形似虎抱頭。左腳前移進步，左臂外旋左滾擺（圖3－479）。以右拳栽擊敵腹襠部（圖3－480）。繼以兩腿屈膝下蹲，左臂屈肘下沉，右拳收於腰間（圖3－481），蓄勢俟機變招。

圖3－477

圖3－478

圖3－479

圖3－480

散手應用（析5手）

設左捋手上提，並屈肘上夾敵左臂：

（1）釋右手，移擒敵右腕，隨左擰身，向左推挫敵臂，折傷敵左臂。

（2）右手擒敵右腕，兩手上舉至頭上方。左腳前移步，左臂滾擠擺架，釋右手以拳栽擊敵腹。

圖3－481

（3）或以兩手上舉，歇步擰身，兩手以拳下砸敵臂。

（4）或以兩手上舉，進步前擠推，反背落拳劈砸敵頭胸。

（5）左捋手上提，屈肘上夾敵左臂，即移步蹲勢，沉肘左擺夾，折敵傷敵雙臂，並立身前撞倒敵。

7. 招式名：奪步沖天

動作名：迎面捶

設以捯捋手左順腋夾敵右膊（圖3－482）。右腳前進一步，騰右手，以拳向敵面鼻上沖鑽打（圖3－483）。敵頭後仰，即蹲身坐勢，沉肘頂擊敵胸心部（圖3－484）。

圖3－482

圖3-483

圖3-484

散手應用（析3手）

設以捯捋手、左順腋夾敵右膊：

（1）上右步，以右拳上沖鑽擊敵頭或脖咽喉。

（2）敵若頭後仰，必挺胸心，即以坐勢沉肘，頂擊敵胸心。

（3）上沖拳擊敵，敵若以左手抵攔，即以右拳落翻，沉肘下壓，並以左手刁扣敵左腕，再以右拳翻鑽前衝擊敵。

8. 招式名：霸王卸甲

動作名：摜耳下截捶

設以右拳鑽擊敵面。敵以左手抵攔（圖3-485），即以左臂腋夾敵右膊，屈肘以左手上擒敵左手腕（圖3-486）。騰右手，以拳向敵左耳摜擊（圖3-487）。左腳收提成虛步，右臂裹肘裡合下截擊（圖3-488）。

散手應用（析 3 手）

設以右拳擊敵面，敵若以左手抵攔：

（1）即以左臂屈肘夾敵，左手擒拿敵左腕；騰右手，以拳摜擊敵左耳面部。

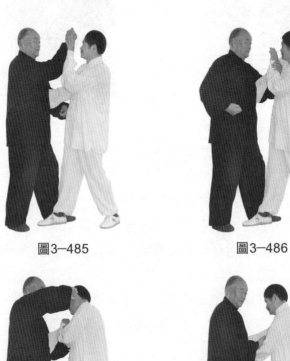

圖3–485　　　　　　　　圖3–486

圖3–487　　　　　　　　圖3–488

（2）摜耳後，即左腳斂收，右臂裡合裹肘，右拳向敵面胸下截擊至敵左臂。

（3）截擊後，右拳翻手擒壓敵腕，左手前移，搬扣敵左肘，摔身左搬，折敵左臂；騰右手，以拳前衝，擊敵胸心部。

9. 招式名：麻姑獻壽

動作名：衝步獻果

設已右拳下截擊，即以左手擒敵左腕，右手擒敵左肘（圖3－489）。左腳前進一步，右腳跟進。同時，以兩手擒敵左臂，合力向前上方頂沖（圖3－490）。

散手應用（析3手）

設已右拳下截敵臂：

（1）即以右手擒敵左肘，左手擒敵左腕，兩手合力向前頂推敵臂。並以右腳進步，左腳跟進，隨身助力。

圖3－489　　　　　　　　圖3－490

（2）或以左手擒敵左腕，
提推於敵右肩前，右手擒敵肘
助力，並釋右手，以拳上沖敵
頭頰。左腳隨前進一步，助力
倒敵。

（3）或以左腳向左移步，
蹲勢左擺，以右拳擊敵腹襠
部。

10. 招式名：猿猴墜枝

圖3-491

動作名：捯手拗夾

設敵在背後用右拳向我頭部擊來（圖3-491），即
向右回身，以右手向左攔捋敵右拳腕（圖3-492）。左
手捯捋敵右肘（圖3-493）。右手再捯捋敵右大臂，將
敵右臂夾入右腋下（圖3-494）。左腳隨之前進一步，
成拗腋夾（圖3-495）。

圖3-492

圖3-493

圖3—494　　　　　　　　圖3—495

散手應用（析 3 手）

設敵用右拳，從側後向我頭肩擊來：

（1）即回身，以右手向左攔挵敵右腕，左手捯挵敵右肘，右手按壓敵右腕，左手裡搬敵右肘，撅折敵右臂。

（2）撅折敵臂，敵必失根，即以右腳移步，轉身以左腳，踢敵右腳或小腿。並兩手向左搖擺，釋手倒敵。

（3）或左手捯挵敵肘，右手再捯挵敵右大臂，將敵右臂夾入右腋下。左腳前進一步成拗腋夾。繼以左手由敵頭後，抱擒敵下頦，向左搬捯。

11. 招式名：金剛伏虎

動作名：夾肘鎖手

設以拗腋夾敵右臂，左橫攔掌擊敵頭面（圖3—496）。敵若以左手抵攔（圖3—497），即以左手挵擒敵左腕，向左挵捆敵臂（圖3—498）。即以右臂腋夾敵臂，

並屈肘上擒敵左腕（圖3－499）。

散手應用（析4手）

設以拗腋擊敵右臂：

（1）即以左橫攔掌擊敵面，若敵不抵攔，以左橫攔掌滾挫，擠擊敵頭脖。

圖3－496

圖3－497

圖3－498

圖3－499

（2）敵若抵攔，即以翻掌切砍敵脖或擒鎖敵咽喉。

（3）敵若以左手抵攔，即以左手抒敵左腕，向左抒捆敵臂，並以右臂屈肘接擒敵左腕，右搖身，折撅敵右臂。

（4）或左移步，兩手擒敵左腕下按壓，折倒敵身。

12. 招式名：左右打虎

動作名：左右摜耳捶

設以右手接擒敵左腕，騰左手，以拳摜擊敵右耳臉（圖3－500）。擊後復手仍擒敵左腕（圖3－501）。騰右手，以拳摜擊敵左耳臉（圖3－502）。

圖3－500

圖3－501

圖3－502

散手應用（析 5 手）

設以拗腋夾敵右臂，左橫攔掌擊敵：

（1）敵若以左手抵攔，即以左手将捆敵左腕臂，右臂屈肘接擒敵左腕，騰左手，以拳摜擊敵右耳根。

（2）左拳摜擊後，即復擒敵左腕，騰右手，以拳摜擊敵左耳根。

（3）或以右手接擒敵左腕，騰左手，以橫掌前切擊敵脖和咽喉處，或鎖喉、推頦。

（4）敵若以左手扣攔，即以左手搬扣敵左腕，下按於敵胸下，以右手接擒敵左腕，推於敵右臂下，兩手拱擒敵左腕上舉。左腳移步，右擰身，右腳踢絆敵腿臁倒敵。

（5）或以左手搬扣敵抵手，下按於敵胸下，以右拳前擊敵胸頭，進步倒敵。

13. 招式名：猛虎奔嶺

動作名：雙撲按掌

設以騰手左右摜耳捶擊敵，即釋雙手，以掌撲按敵雙臂（圖 3－503）。右腳前進一步，兩掌向前撲按（圖 3－504）。

散手應用（析 2 手）

設以右拳摜擊敵耳後：

（1）即以右拳下落，以掌按敵左臂和胸。進右步，兩掌向前推按敵身。

（2）或左拳摜擊敵耳後，復擒敵左腕，右手下移擒敵右腕，上提前推，以拳變掌按敵右腕，繼以兩掌撲按敵身前推。

14. 招式名：伏虎待機

動作名：夾膊捆拿

設以拗腋夾敵右膊（圖3－505），左撲面掌擊敵面鼻。敵以左手抵攔（圖3－506），即以左掌持採敵左腕，橫按於敵右肩上（圖3－507）。左腳前移屈膝成弓步（圖

圖3－503

圖3－504

圖3－505

圖3－506

3－508）。左腳回收成虛步（圖3－509）。左手擒敵左
腕外旋捌敵臂，並回帶捆拿（圖3－510）。並以右手也
接擒敵左腕。

圖3－507

圖3－508

圖3－509

圖3－510

散手應用（析4手）

設拗腋夾敵右臂，以左撲面掌擊敵：

（1）敵若以左手抵攔，即以左手捋敵左腕，橫按於敵右肩上。左腳前移弓步，捆擒倒敵。

（2）敵若不抵攔，即以左撲面掌前推，切擊敵咽喉，右手抱擒敵右膊，隨右擰身折敵右臂。

（3）或敵若以左手抵攔，即以左手捋敵左腕外旋，捋於我左下方。同時左腳回撤，以腳跟勾掛敵右腳或小腿。

（4）或以左腳左移步，右手接擒敵左腕，兩手拱擒敵左腕，按至敵右胯外下方，伏勢蓄機，或併步下蹲倒敵。

15. 招式名：彎弓射虎

動作名：移步雙擊捶

設以拗腋夾敵右膊，兩手擒敵左腕（圖3－511）。左腳前移，右腳向右側前進一步，兩手擒敵左腕，向下向右上劃提（圖3－512）。釋手以拳向敵胸肋和頭額摜擊（圖3－513）。

散手應用（析3手）

設以拗腋夾敵右膊，並以兩手拱擒敵左腕：

（1）敵若掙扎，即以左腳前移，屈膝蹲勢，並以兩手擒敵左腕，向前下按擒，身前移，右肩擠靠敵身。

圖3－511

圖3-512

圖3-513

（2）敵若不掙扎，即右腳向右側進一步，兩手擒敵左腕，隨右步向右上劃提，折臂倒敵。

（3）或兩手劃提，釋兩手，以拳分別擊敵胸肋及頭額。

16. 招式名：關門打狗

動作名：進步前擊捶

設以拗腋夾敵右膊，以右臂屈肘外旋，橫壓鎖撅敵右臂（圖3-514）。左腳前移半步，勢下沉右擰身（圖3-515）。左拳向敵右腋下或右肋衝擊（圖3-516）。

圖3-514

圖3-515　　　　　　　　　　圖3-516

散手應用（析３手）

設以拗腋夾敵右膊：

（1）以右臂屈肘外擺，左手按己右腕，助力向右下按，鎖壓折攦敵右臂。

（2）左腳前移步，以左拳前擊敵右腋或肋。

（3）或左腳前移坐勢，以左掌斬切敵右肋處。

17. 招式名：二郎擔山

動作名：衝步一字捶

設已鎖壓敵右臂，左拳擊敵右肋（圖３-517），即以右腳前進一步，左腳跟進併步，以右拳向前平衝擊敵胸心（圖３-518）。左手採甩敵右臂，向身後衝拳。

散手應用（析３手）

設以拗腋夾敵右臂，鎖壓擊敵右肋：

（1）敵若掙扎撤右臂，即以右腳前進一步，以右拳前衝，擊敵胸心部。左腳跟進併步，左拳後衝。

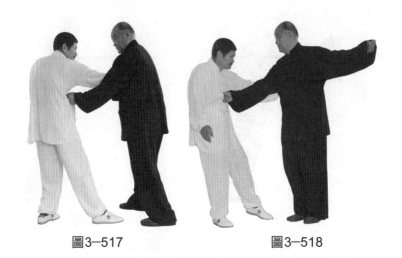

圖3-517　　　　　　　　圖3-518

（2）鎖臂擊敵右肋。敵若以右腳下踢我腿，即以左手勾掛敵右腿，上右步，以右拳擊敵胸心部。

（3）或拗腋夾敵右臂，外鎖下蹲步，以左手下擒敵右腳腕，向左擰身擒提，上右步，以右拳擊敵胸心部。

18. 招式名：惡虎探爪

動作名：捯挌手探掌

設以捯挌手順腋夾敵右臂（圖3-519），右手掌前探敵下頦，或擒咽喉（圖3-520）。敵以左手抵攔（圖3-521）。或擒我右腕（圖3-522）。

散手應用（析4手）

設以順腋夾敵右臂，右手以虎爪掌探敵面：

（1）敵若以左手抵攔，即右手抓敵左手，向敵左肩上探按，折擒敵身。

（2）若敵不抵攔，即以右掌抓托敵下頦，向敵左肩推

圖3—519

圖3—520

圖3—521

圖3—522

按，敵頸臂必捌折。

（3）或以右虎爪掌，抓擒敵咽喉，閉敵氣管窒息。

（4）敵若以左手擒我右腕，即右腕臂前頂，以右掌搬扣敵脖後，壓敵左腕于敵左肩上，制敵全身。

19. 招式名：懶漢作揖

動作名：刁拿捆鎖

設我右探掌被敵左手所擒（圖3－523），即以左手擒敵左腕（圖3－524），向左捋擒，右手腕外翻，擠壓敵左腕（圖3－525）。並蹲身下壓，縮身蓄勁（圖3－526）。

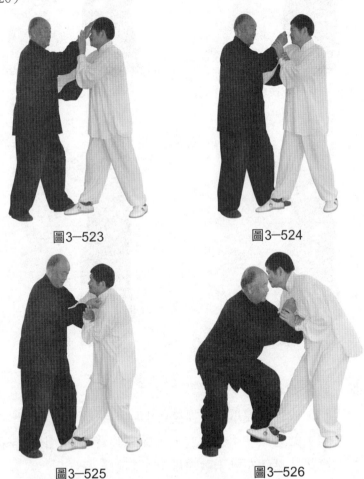

圖3－523　　　　　　圖3－524

圖3－525　　　　　　圖3－526

散手應用（析2手）

設以右掌探敵面，右腕被敵擒拿：

（1）即以左臂屈肘，左手擒敵左腕，右手握拳，向前衝擊敵頭面，挫折敵腕。

（2）或以左手擒敵左腕，以右腕向右外旋，擠壓敵左手指，並抱拳作揖下壓，前衝敵胸。

20. 招式名：餓虎撲羊

動作名：進步虎撲

設以兩手封鎖敵左腕，縮身下壓（圖3－527）。左腳向左前方，斜進一步，右腳跟半步（圖3－528）。並以兩拳變掌，向敵胸膛撲按（圖3－529）。並伸腰展身向前推撲（圖3－530）。

散手應用（析2手）

設以左手擒敵左腕，右手抱我左拳：

（1）即以兩手封鎖敵腕臂，縮身下壓，撅折敵腕臂。

圖3－527

圖3－528

（2）左腳向前方進步，右腳跟進，兩拳變掌撲按敵胸，伸腰前推撲，致敵遠跌。

21. 招式名：**野馬闖槽**

動作名：順手捋擒

設敵用右拳由身後擊來（圖3－531），即轉身以右手向左攔格（圖3－532），並以左手捌捋敵右腕，向

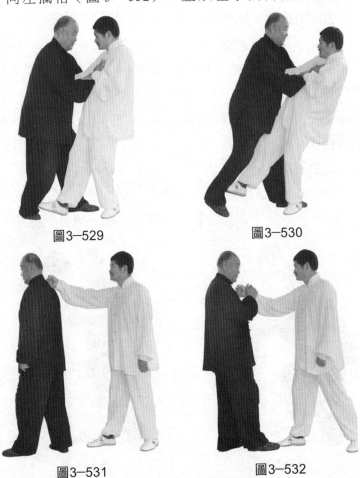

圖3－529

圖3－530

圖3－531

圖3－532

敵身後下按推（圖3－533）。同時，左腳前進一步，
扣敵右腿（圖3－534）。以右拳向敵下頦衝擊（圖3－
535）。敵頭後仰或以左手攔格（圖3－536）。即以沉肘
前撞敵心窩處（圖3－537）。

圖3－533

圖3－534

圖3－535

圖3－536

散手應用（析3手）

設敵用右拳由身後擊來：

（1）即向後轉身，以左手向右攔捋敵腕，向左下扣按摟撥。同時，起左腳撲踢敵右腳腿。

（2）或以右手向左攔格，左手捯捋敵右腕，向敵身後推按。左腳進步，右拳向敵下頦或脖咽部衝擊。

圖3-537

（3）敵若仰頭，或以左手抵攔，即右手刁扣敵左腕，屈右肘頂擊敵心窩處，並前擠倒敵。

22. 招式名：走馬活夾

動作名：馬步擒拿

設以左手擒敵右腕，右拳擊敵下頦。敵頭後仰（圖3-538），即以左手擒敵左腕，上提於敵胸前額下，用右手接擒敵右腕，騰左手，由敵脖後抓扣敵下頦（圖—539）。向左後搬擰，右手擒敵右腕前推（圖3-540）。馬步下蹲，捌制敵身（圖3-541）。或上右

圖3-538

步，左轉身撤步倒敵（圖3－542）。

散手應用（析3手）

設以順手擒敵右腕，右拳上沖敵頭頦：

（1）敵若以左手抵攔，即左擒手上提敵右腕，至敵胸前頦下處，封敵雙手。即以兩手翻掌，向前撞擊敵胸脖，

圖3－539

圖3－540

圖3－541

圖3－542

進步倒敵。

（2）或以右手捯捋敵右腕，騰左手，向敵脖後探抓敵下頦，向左搬扣，右手擒敵右腕前推，馬步坐勢，捌制敵身。

（3）或上右步，左轉身，撤左步倒敵。

第八節　八翻手封手掩打法

1. 招式名：毒蛇探路

動作名：攔捋迎面捶

設敵用右拳向我胸頭衝擊（圖3－543），即以左手向右攔捋敵右腕，左腳尖虛點地面（圖3－544）。右手向左攔捋敵右拳，左腳前進一步（圖3－545）。兩手擒敵右腕，下按壓於腹前（圖3－546）。左腳向前挪移，貼進敵身。釋左手，反背拳向上顛擊敵面（圖3－

圖3－543　　　　　　　　　　圖3－544

圖3-545　　　　　　　　　圖3-546

547），誘敵抵攔。

散手應用（析5手）

設敵右拳向我胸頭擊來：

（1）即以左手向右攔挌敵右腕，上提前推敵右臂。左腳前移，貼近敵身。左手順敵右臂下滑挌，以左肘頂擊敵右腋肋。

（2）或以兩手攔挌，拱擒敵右拳腕，閃身進左步，以左肩前靠折敵右臂。

圖3-547

（3）或以兩手攔挌，拱擒敵右拳腕，上拱舉，下壓撅，後拉前推，擒折敵右腕。

（4）或以兩手攔挌，拱擒敵右腕下按，即釋左手，反

背拳向上顛擊敵面鼻。

（5）或以兩手攔捋，拱擒敵右腕上抬，釋右手，反背拳鞭擊敵面鼻，或右手擒敵腕右鞭甩拉，並以胸靠擠敵臂。

2. 招式名：架樑穿椽

動作名：提拿梭捶

設以左拳反背擊敵面，敵以左手抵攔（圖3－548），

圖3－548

即以右捋手，擒敵右腕向右上提拿，以敵右臂攔架敵左臂，使其不便下落（圖3－549）。並撤收左拳於腰側，進右步，以左拳衝擊敵右肋或腋下（圖3－550）。

圖3－549

圖3－550

散手應用（析 3 手）

設左拳反背擊敵面：

（1）敵若以左手抵攔，即以右捋手擒敵腕，向右上提拿，左手擒敵左腕，回撤下搬，折搣敵左臂。

（2）敵若以左手擒住我左腕，即左手回撤旋腕，反擒敵左腕上提托，釋右手，以右拳擊敵左肋。

（3）或以左手回撤，右捋手擒敵右腕，屈肘上提，上夾敵左臂，左拳下栽，開脫敵手，並栽擊敵腹。或左拳擊敵右肋。

3. 招式名：鳳凰奪窩

動作名：穿心捶

設以右捋手屈肘下砸擊敵面（圖 3－551），同時收回左拳，從己右小臂上方，衝擊敵心窩（圖 3－552）。左腳跟進併步助力。

圖3－551　　　　　　　　圖3－552

散手應用（析2手）

設右捋手上提，左拳擊敵右肋，敵若右臂掙扎下撤：

（1）即撤回左拳，以右拳屈肘劈砸敵面、胸，終達敵臂。

（2）繼以左拳經右臂上方，衝擊敵心窩。三拳連擊稱妙手。

4. 招式名：雄鷹展翅

動作名：攔捋撲面掌

設以左攔捋手，兩手拱擒敵右腕下按（圖3－553），釋左手，以撲面掌順勢擊敵面鼻（圖3－554）。

散手應用（析3手）

設以左攔捋手，拱擒敵右腕：

（1）兩手拱擒敵右拳腕，下壓前撅。並以左腳回撤，勾提敵右腳脖。

圖3－553

圖3－554

（2）或以左攔挒手上拱下壓，釋左手，以撲面掌擊敵面鼻。

（3）或以兩手擒敵右腕下按，抬左肘誘敵。敵若以左手抵攔，即釋右手，刁擒敵左腕，向右後擺挒；同時，左手擒敵右腕，屈肘上擊敵面鼻。

5. 招式名：通天奪地

動作名：天地炮捶

設以左攔挒手，左撲面掌擊敵面鼻，誘敵左手抵攔（圖3－555）。即以左臂屈肘，以拳下栽擊敵腹部（圖3－556）。同時釋右手，向敵面部衝擊（圖3－557）。

圖3-555

圖3-556

圖3-557

散手應用（析 2 手）

設以左撲面掌擊敵面鼻：

（1）敵若以左手上架，即以左膝扣頂敵右膝後，屈折左肘以拳下栽，擊敵腹襠。或以掌下拍，抓敵腹襠。

（2）下擊敵腹，敵若收腹低頭，即以右拳上沖，擊敵面脖。

圖3-558

6. 招式名：烏龍入洞

動作名：中心炮捶

設以右拳上沖，擊敵面脖，敵若以左手抵架（圖3-558），即撤回右拳，以左臂屈肘，左手將採敵左腕臂，向左將採（圖3-559），右拳向敵胸心處衝擊（圖3-560）。兩腳隨勢進退，協同助勢。

圖3-559

圖3-560

散手應用（析3手）

設右拳上衝擊敵，敵以左手抵架：

（1）即以右手刁挒敵左腕回撤，以左臂屈肘，上夾敵左臂，左擰身擺折敵臂。

（2）敵若屈肘防折，即以右手擒敵左腕前推，左掌按壓敵肩，捆擒制敵。

（3）或以左手上刁挒敵腕臂，向左挒採。進左步，以右拳擊敵胸心部。

7. 招式名：白蛇吐信

動作名：搖臂撲面掌

設以左攔挒手下壓上拱舉（圖3－561），即以左手移擒敵右肘上托，右手擒敵右腕下壓（圖3－562）。同時，左腳斂收，身向右搖擰（圖3－563）。繼之回帶推頂，釋左手，以撲面掌擊敵面（圖3－564）。

圖3－561

圖3－562

圖3－563　　　　　　　　　　圖3－564

散手應用（析 3 手）

設以左攔挎手，兩手擒敵右腕：

（1）兩手拱擒敵右拳，下壓前撅，再以拱手上舉下折，折傷敵腕。

（2）拱擒敵腕上舉時，左手下滑擒敵右肘處，右手擒敵右腕，左腳虛點敵面，上下合力，撅折敵右臂。

（3）或以左手擒右肘，右手擒敵右腕，左右搖臂，前後拉頂。並釋左手，以撲面掌擊敵面鼻。

8. 招式名：攜帶捆腰

動作名：似封似閉

設以左撲面掌擊敵面，敵以左手抵攔（圖 3－565），即以左手挌採敵左腕，向己左下方挌擒（圖 3－566）。同時，收斂左腳成左虛步。兩手擒敵左右腕外翻，上提於己腰間（圖 3－567）。

圖3-565

圖3-566

散手應用（析 2 手）

設以左撲面掌擊敵面，敵以左手抵攔：

（1）即以左手捋敵左腕，向左下方捋採，並以右捋手上提，於敵左肘處前推。以左腳勾掛敵右小腿彎處。

（2）或以兩手擒敵左右兩腕，旋腕外翻，上提於腰側，捆捌敵兩腕臂。並以左腳踏踩敵右腳面。

圖3-567

9. 招式名：雙龍出水

動作名：雙拳前擊

設兩手擒敵兩腕於腰間捆捌，兩拳由腰兩側，仰拳前

出。同時，左腳移步，右腳前進一步（圖3－568）。或兩拳向敵中心，立拳擊出（圖3－569）。或上、下俯拳出擊（圖3－570）。

散手應用（析4手）

設兩手擒捌敵兩腕於腰間，敵若掙扎：

（1）即趁其掙扎，左腳前移，右腳前進。同時，兩拳由腰側齊向敵中心，仰拳前擊，釋手仰掌合力。

（2）或以兩拳由腰側向敵胸膛立拳前擊，釋手立掌抱力拋出。

（3）或兩拳由腰側向敵腹襠俯拳推按，釋手按掌探出。

（4）或以兩手擒敵腕由腰

圖3－568

圖3－569

圖3－570

側向上提擒，俯拳前劈，釋手俯掌合拍敵頭面。

10. 招式名：金蛾吸血

動作名：摯手中平捶

設以左攔捋手捋擒敵右
腕，拱手摯提敵右臂（圖3－
571），向左側外翻，以左手
擒敵右腕（圖3－572）。釋
右手，以拳前衝，擊敵胸心部
（圖3－573）。

圖3－571

散手應用（析5手）

設以左攔捋手擒敵右腕：

（1）即拱手上摯，向左外
翻，以左手擒敵右腕，釋右
手，順敵右臂向前，以掌砍切
敵右脖側。

圖3－572

圖3－573

（2）或釋右手，以拳前衝，擊敵胸心部。

（3）兩手擒敵腕，外翻壓。左移步，側身以右腳橫踹敵右膝外側。

（4）或以兩手拱擒敵腕，外翻前推按。上右步側身，以右手挑摟敵右腿，或膝後彎處，走步倒敵。

（5）或兩手拱擒敵腕外翻，蹲身下壓，以右手擒敵右腳腕，起身倒敵。

11. 招式名：海底尋花

動作名：摟手指襠捶

設以左手摯擒敵右腕，右拳衝擊敵胸心部，敵以左手攔格（圖3－574）。左手擒敵右腕，向右下落，摟搬敵左腕臂（圖3－575）。右拳收回，並向敵腹襠部栽擊（圖3－576）。

圖3－574　　　　　　　　圖3－575

散手應用（析2手）

設以左手摯擒敵腕，右
拳擊敵胸心部，敵以左手格
攔：

（1）即以左手擒敵右腕
向右下摟攔，搬扣敵左肘，
繼以右拳栽擊敵腹褲。

（2）或借敵推攔之勁，
以右手接擒敵右腕，向右捋
擒，以左拳栽擊敵腹褲。

圖3-576

12. 招式名：躍馬奔澗

動作名：野馬並蹄

設以左摟手、右栽拳擊敵腹褲，敵以左手抵攔（圖
3-577），即以右手刁擒敵左腕（圖3-578）。左手擒
敵右腕，兩手擒敵腕，向己身後捋甩（圖3-579）。同

圖3-577

圖3-578

時卸步，成虛丁步蹲身（圖
3－580）。釋雙手握拳，拳
心向下，並拳合力，向敵胸
心部猛擊（圖3－581）。
並以進步致敵遠跌。

散手應用（析2手）

設以攔捋手擒敵右腕，
右拳擊敵腹襠：

（1）敵若以左手抵攔，
即以右手擒敵左腕，左手擒

圖3－579

敵右腕，兩手均向身後捋甩。左腳斂收，俟敵前傾失重，
即提左膝撞擊敵胸腹。

（2）卸步蹲身，下捋甩敵兩腕，即釋兩手握拳，拳心
向下，並拳合力，進右步，向敵胸心部猛擊。

圖3－580

圖3－581

圖3-582

圖3-583

13. 招式名：先禮後兵

動作名：拱手撲面掌

設以左攔捋手拱手擒敵右腕（圖3-582）。繼擒敵右腕下按，釋左手，向敵頭面撲擊（圖3-583）。並向左橫摸（圖3-584），制敵頸項扭捯。

散手應用（析3手）

設以左攔捋手擒敵右腕上拱：

圖3-584

（1）即以右手擒敵右腕下壓，左手順撫敵右臂上探，以撲面掌橫砍切敵咽喉。敵若仰頭，即翻掌托頦鎖喉。

（2）或順敵右臂上撫。以左撲面掌，橫抹敵左臉，扭

制敵頸項。進左步，衝身倒敵。

（3）或以右捋手上提，用左膝頂擊敵右大腿，撤腿左步，轉身倒敵。

14. 招式名：三盤落地

動作名：馬步雙按掌

設以左撲面掌，抹制敵頸項扭捌。敵若以左手抵攔（圖3－585），即以左手捋擒敵左腕，向左下捋按，右捋手向右下捋按（圖3－586）。上右步，左轉身，屈膝下蹲成馬步，十字捆擒敵手，按於敵胯兩側下（圖3－587）。

圖3－585

圖3－586

圖3－587

散手應用（析 2 手）

設以左撲面掌抹制敵項，敵若以左手抵攔：

（1）即以左手挒敵左腕，向左下挒按。上右步，右挒手擒敵右腕，向右下挒按。轉身坐勢倒敵。

（2）或以左手挒敵左腕，向左下挒按，右挒手擒敵右腕，向敵右胯下膝外挒按。撤左步，轉身倒敵。

15. 招式名：推山填海

動作名：馬步雙推掌

設以馬步雙按掌制敵，即左腳向右腳後撤步，身左轉。釋右手，以拳衝擊敵面鼻（圖 3－588）。繼以右臂屈肘，反背拳下砸敵胸腹達臂（圖 3－589）。收右拳擒敵左腕，騰左手，以拳衝擊敵頭面部（圖 3－590）。敵以右手抵攔，即以左手擒敵右腕（圖 3－591）。身左轉，兩手挒擒敵兩腕，落擒於腹前，上翻提（圖 3－592）。兩手以掌向正前方推擲（圖 3－593）。

圖3－588　　　　　　　　圖3－589

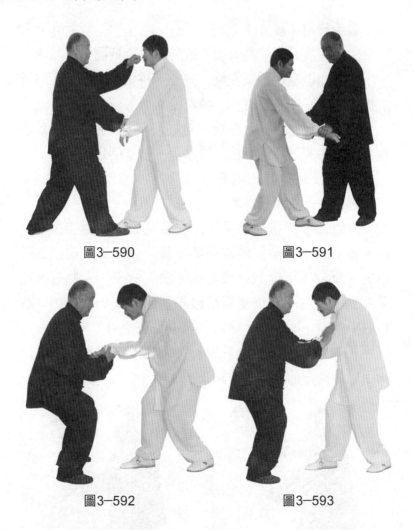

圖3─590

圖3─591

圖3─592

圖3─593

散手應用（析３手）

設以兩手擒敵兩腕壓按：

（1）即以左腳向右腳後撤步。左轉身，釋右手，以右拳衝擊敵頭部。

（2）或以右拳掄砸敵頭肩，終達於臂。扣擒敵左腕，騰左手，以拳衝擊敵面鼻。

（3）左拳擊敵頭面，敵若以右手抵攔，即以左手捋擒敵右腕，兩手擒敵兩腕，蹲身下按，並摟抱至己腹前，翻手擒捌敵臂，翻手以掌向前方推擲。

16. 招式名：大鵬抖翎

動作名：反背提攬掌

設以左攔捋手擒敵右腕下按，釋左手，向上提攬敵左耳部（圖3－594）。敵以左手抵攔（圖3－595），即以左手捋敵左腕，向左下方捋擒，按於敵右臂上（圖3－596）。釋右手，反背掌向敵

圖3－594

圖3－595

圖3－596

圖3-597

右耳部提摜（圖3-597）。

散手應用（析3手）

設以左攔挎手擒敵右腕下按：

（1）釋右手，反背上提，摜擊敵左耳部。

（2）敵若以左手抵攔，即以左腕纏繞，搬扣敵左腕，屈肘頂擊敵頦脖，進步倒敵。

（3）或以左手挎敵左腕，向下挎擒，按於敵右臂上。釋右手，提摜敵右耳部。

17. 招式名：蛟龍翻江

動作名：提擊降龍掌

設以右掌提摜敵右耳，回落採扣敵右大臂（圖3-598）。並以右小臂擠壓敵左臂，釋左手，向上提擊敵頦脖（圖3-599）。左提手回落，按於敵胸腹部（圖3-600）。繼以兩掌按敵胸腹，進步前推擲發敵跌（圖3-601）。

圖3-598

圖3-599

圖3-600

圖3-601

散手應用（析 2 手）

設以右掌提撾敵右耳：

（1）右手回落，採扣敵右大臂，屈肘擠住敵左臂，即釋左手，向上提擊敵頦，或面鼻。

（2）左手回落，按於敵胸腹，並以兩手齊按敵胸腹，前推發勁擲敵。進步助勢。

18. 招式名：羅漢拉馬

動作名：掩肘頂擊

設以左攔捋手擒按敵右腕，釋左手，以反背拳上擊敵面鼻（圖3－602）。敵若以左手抵攔（圖3－603），即以左手採擒敵左手腕（圖3－604）。並屈肘坐勢下沉，將敵右臂下夾於左腋下（圖3－605）。左肘尖向後頂力，左小臂水平（圖3－606）。

圖3－602

同時，以右臂屈肘，向裡盤旋，挫擠敵左臂（圖3－607）。身向左扭轉，兩腿交叉步下蹲（圖3－608）。

圖3－603

圖3－604

圖3-605　　　　　　　　圖3-606

圖3-607　　　　　　　　圖3-608

散手應用（析 3 手）

設以左攔捋手擒按敵右腕：

（1）以右手擒按敵右腕，釋左手，用反背拳上擊敵面
鼻，或誘敵手抵攔。

（2）敵若以左手抵攔，即以左手擒敵左腕，屈肘下沉，將敵右臂下夾於左腋下，左肘後頂，繼前衝。

（3）或以右臂屈肘向裡盤旋，挫擠敵左臂，身向左扭轉，交叉步下蹲，以折敵左臂。

19. 招式名：撥草尋蛇

動作名：搬攔前擊

設以交叉步，右臂挫折敵左臂（圖3－609）。即以右肘盤旋，下夾敵左臂於右腋下（圖3－610）。即身右擰，右肘後頂（圖3－611）。左拳向敵胸肋部衝擊（圖3－612）。右腳前進，左手向左摟搬，以右拳前擊敵胸肋部（圖3－613）。

圖3－609

圖3－610

圖3－611

圖3－612　　　　　　　　　　圖3－613

散手應用（析3手）

設以右臂挫折敵左臂：

（1）即以右肘盤旋，將敵左臂下夾於右腋下，向右擰身，擺肘後頂，移步倒敵。

（2）右掌後頂時，即以左拳衝擊敵胸肋。

（3）左拳前衝，敵若抵攔，即以左手向左摟搬，進右步，以右拳前擊敵胸肋。

20. 招式名：托心印掌

動作名：摯手單推掌

設以左攔捋手，擒敵右腕上提（圖3－614）。釋右手，以掌向敵胸肋部，切按推擊（圖3－615）。同時，右腳前進一步，進身以肩胯擠靠敵身（圖3－616）。

散手應用（析3手）

設以左攔捋手，擒敵右腕上提：

圖3-614

圖3-615

（1）即釋右手，以橫掌向敵胸肋處拓掌切按；或誘敵左手抵攔。

（2）或擒敵右腕拱手上提，即釋左手，以點拳擊敵右腋處。繼以左手托敵右肘，釋右手，以右拳前擊敵胸心部。

圖3-616

（3）或以左拳點擊敵右腋，即右轉身，以左肩扛敵右臂，兩手拱擒敵右腕下搬，撅折敵右臂。

21.招式名：樵夫挑柴

動作名：伏身擔柴

設以近身擠靠敵身，即伏身左轉，左腳後撤，使

己背部緊貼敵身懷（圖3－
617）。以右肩挑擔敵右臂（圖
3－618）。繼以兩手擒敵右
腕，向前下力撅敵右臂，並彎
腰撅臀（圖3－619）。

散手應用（析2手）

設以上拱敵腕臂，用右掌
拓按敵胸肋：

（1）敵若以左手抵攔，即
進身以腰背擠住敵左臂，用右
肩擔挑敵右臂，挺身以兩手下
搬敵腕，撅折敵右臂。

圖3－617

（2）或擠住敵臂，即以兩手擒敵右腕下壓，並彎腰抬
臀，摔撅敵身。

圖3－618

圖3－619

22. 招式名：霸王作揖

動作名：立身拱手

設以弓身摔撅敵後，即以左腳前移步，向右轉身，兩手擒敵右腕，擦地向右劃弧（圖3－620）。隨之立身上提，至胸前拱手作揖（圖3－621）。

散手應用（析3手）

設以彎腰撅折敵身，敵掙扎未倒：

（1）即以移步右轉身，兩手擒敵腕擦地劃弧，繞甩敵右臂，釋手倒敵。

（2）或以擦地劃弧，即兩手擒腕上提摰舉，繼以後撤步下壓撅摔，折敵右腕臂。

（3）或上提摰手，上右步，兩手擒敵腕，向敵左後擦地劃弧，釋手甩敵；或以螺旋平圓倒敵。

圖3－620

圖3－621

第四章

八翻手身法腿法解析

第一節 八翻手之身法

拳經云:「有不得機勢處,身便散亂。其病必於腰腿求之。」所為腰腿者,即指身法而言。

身法者,手、腿、身、腰、步五體聯動之總稱。身法之能,以牽動手步之進退反側為用。

賢師傳授:「論拳法之用者,不能捨身法而言手步,亦不能離手步而專言身法。以身法者,輔手步以成其用,而其妙則非手步所能及者。」

臨敵致用,全恃身法牽引以進退反側。若身軀直立,徒舞蹈其手足者,豈有身法可言。故曰:「力由脊發,步隨身換。」而重在一近字,近則非專恃手步所能為。遠擊偷打之法,毫無所施其技。

練習身法,以實際應用将手,持招法實際演練,最為有效。其法繁多,須即時即勢以言之,不易形諸筆墨。茲將招法中實用之身法略述。

1. 起 身

仰之彌高，非但言手法，身法尤重要。其要在項勁上提，脊骨具有彈性。

2. 伏 身

敵力下行，我隨之而俯，所謂俯之彌深，其要在黏衣機警。

3. 披 身

側身半伏，如披衣狀，所以進步，有緩化敵力之用，避敵強硬之力。

4. 蹲 身

屈膝下蹲，以備起發，有蓄勁待發之意，即「蓄勁如開工」。

5. 進 身

步不進而身法進以欺敵，使敵失其重心，謂之進身。

6. 翻 身

折疊身軀變易方位，恃身法轉折，不以手步之力，謂之翻身。

7. 擰 身

用疊步，或合步，扭轉身軀，蓄而待發，謂之擰身。

8. 靠 身

以身法擊敵，名曰靠身。所謂肩靠胯打之類招法。

9. 貼 身

緊貼敵身，使之無法避制我力，名曰貼身。其要在一近字，遠則不足致用。

10. 閃 身

避敵直線之力，而側閃身軀，一閃即進，至靈至速。與遠躲預避者不同。

身法在武術中，為名至繁。不論什麼拳種，都講究身法，要求很嚴。因為它可以正確姿勢，順達勁力，所以在武術中，特別重要。八翻手拳身法玄妙，已極超越，以其為近身而用之法，變化至多，包羅富有，誠無法以名之。是必實際實驗，非空談可得。日從事於八翻手之拳路鍛鍊者，好學深思者，當豁然也。

為達到進退攻防，變化神奇，隨心所欲之境地，更需要注意身法要領。

1. 頭頂項豎，虛領頂勁

頭為全身之主，頭正則精氣貫頂，精神振作，動作敏捷，無遲重之虞。但必須鬆沉自然，勿使項挺僵硬，以致周身動轉呆滯不靈。

2. 含胸拔背，鬆肩垂肘

由於頭部向上頂，腳部向下沉，使脊背有上下互拔之勁，加之兩肩鬆沉，肩窩後吸，胸部內含，肘下垂，幾個部位的聯合行動，可使周身發出上拱前催之勁，並易使氣沉丹田，動作沉穩紮實，下盤穩固，渾身完整一至。但含胸不可凹胸弓背。

3. 收腹提肛，鬆腰塌胯

拳術中不論動作的靈活敏捷，或是身法之順達中正，其主宰在腰。如不得勢，腰腿求之。若是前栽後仰，臀部外翻突出，這不僅是沒有收腹提肛，且腰也沒有鬆開。因

此，每一舉動，都要注意收腹提肛，鬆腰塌胯，使命門後頂，尾閭中正，促進含胸拔背，氣沉丹田，全身貫通，出招發勁就自然運用自如。但切勿過分收提，而造成呼吸緊促，胸腔悶脹，下盤失根。

第二節　八翻手之腿法

腿法者，胯、膝、腳三部位，聯動配合之總稱也。八翻手拳法中，腿法是由步型——即靜止時下肢的姿勢；步法——即下肢在運動中的方法；腿腳法——即下肢進行攻擊的方法，總稱腿法。

八翻手拳法中，有明腿、暗腿之分。所謂明腿法——即以腳離地面，進行攻防技擊之法，因有三十六式技擊腿法，稱之曰三十六明腿。暗腿法——是以腳不離地面，進行攻防技擊之法；因有七十二式技擊腿法，稱之曰七十二暗腿。其腿法應用，暗多明少，神出鬼沒。克敵制勝，多依暗腿之功。人多不知。而暗腿之法，潛隱於步型、步法之中，所以賢師教導：「大成之道，仍在姿勢。」

用步之法，非有進無退，前、後、左、右、中，皆可變化移動。若敵靠身過近，則步須後移，而移動之尺寸，以適合捋制敵手為依歸。變化神速，瞬息之間。左右之移動，莫不皆然。故演練時，更應存變化之意，則步之移動，富有警覺性，方為至善。

1. 八翻手實戰應用中的五步法

（1）向前應用，多為盤旋步，重在勾扣敵腿，上用

捋手，下制敵步，為打無不中之計。

（2）近敵而後，即用衝步，前進後跟，所向披靡。

（3）翻身向後，斂步當先，以退為進，後即是前。

（4）左右開步，意在逼敵，越近越穩，貴有把握。

（5）蹲身疊步，此為正中，遇敵倉卒，變化在身，得勢即進。

此五步前、後、左、右、中，面面俱到，千變萬化，存乎其人。五步之中，有進而無退，此步法之真義。所尤要者，用步需要下勢。不論其馬步、弓步、虛步、衝步，各種步式為義則一。

2.八翻手實戰應用中的明腿

明腿者，即下肢在技擊中，以腳離地面，進行攻擊的方法。在八翻手拳法套路中，已有明確示例。即五翻手捆拿摔踢法八路，每路應用兩種腿腳法，共16種；加三翻手中的第五路戳腳、第六路踢腳，共18種腿腳攻擊法。左右應用，衍為三十六式明腿法。即：（1）高、平蹬腳；（2）高、低踹腳；（3）高分腳；（4）彈踢腳；（5）外擺腳；（6）後撩腳；（7）裡踢腳；（8）裡撲腳；（9）勾踢腳；（10）勾拌腳；（11）前踩腳；（12）側踩腳；（13）膝頂腳；（14）橫胯撞；（15）橫戳腳；（16）豎戳腳；（17）豎踢點；（18）側蹬點。

3.八翻手實戰應用中的暗腿

暗腿者，在應敵實戰中，腳不離地面，以胯、腿、膝、腳攻擊敵人之技擊方法。暗腿技擊的運用，潛伏在八翻手六十四路拳法、各式步型、步法中。前賢要求，演練

八翻手拳法，於各式姿勢、步型要正確運用。初學以極端
開展，沉著有力為主，以流通血脈，暢發筋肉，堅固骨
骼。行之不懈則百病自消，有力如虎，身健膽壯，可以致
用。若學者，樂於演練對敵應用之法，間有不演練拳路姿
勢者，此則大誤。

　　拳路之式，包羅富有，能盡通者為全才。繼之姿勢漸
求緊湊，含蓄內勁，剛而不發，手眼身步，活潑靈敏，拳
中招勁，發雖無形，動則有意，意至之處，招勁隨之。一
靜一動之微其變化莫測。積以歲月，其道大成。

　　姿勢極端開展，與漸求緊湊，此拳行功之順序與方
法，亦暗腿法應用行功之道，無歧路之誤。

　　七十二暗腿法：（1）膝前小腿；（2）膝外小腿；（3）
胯後大腿；（4）臀胯撞；（5）膝前大腿；（6）膝內腿；
（7）內大腿；（8）內小腿；（9）外大腿；（10）外小腿；
（11）跟小腿；（12）蹺腳尖；（13）胯大腿；（14）前大
腿；（15）前跪腿；（16）側跪腿；（17）後蹬腿；（18）
碾腳蹬；（19）前鑔腿；（20）撲地蹬；（21）外跪腿；
（22）裡跪腿；（23）坐跪腿；（24）擠胯擊；（25）小跪
腿；（26）後掛腿；（27）側掛腿；（28）橫胯撞；（29）
擺切跪；（30）扣切跪；（31）夾剪腿；（32）擺胯擊；
（33）前掛腿；（34）切換腿；（35）貼身靠腿；（36）暗
進腿。

　　此三十六暗腿法，左右演用，衍為七十二式暗腿。

第三節　八翻手暗腿應用示例

　　八翻手拳三十六明腿，已在八翻手拳套路中示例。八翻手拳腿法應用，有其獨特之處，即各式腿法，都以捋手當先，於捆拿鎖擒中應用。單獨應用腿法擊打者，在八翻手拳中稱作「飛腳」，俗稱「踢飛腳」，用於臨敵散打格鬥中，不及捋手捆鎖時。其法有：拳打腳踢，踢腳衝拳，彼踢己截，彼前後、己左右，彼橫擺、己上下等法。

　　暗腿是潛隱之腿法，不施運很難看出，故人多不知，其法以擠、靠、頂、撞、跪、別、切、夾為主。現以其常用之暗腿法示例解析。

1. 膝前小腿

　　設敵以右拳右步進擊我胸，我即以右盤步刁捋手，捋擒敵右腕。上左步於敵右腿外側勾扣（圖4－1）。並以左手倒捋敵右腕，捋至左胯外。繼之馬步下蹲，以膝前小腿，擠頂敵右腿外側（圖4－2）。同時，左手捋敵右腕，隨蹲勢下捋壓，右手掌前摜擊敵頭肩，至敵傾倒。

2. 膝外小腿

　　設敵以右拳右步進擊我胸，我即以左手攔捋敵右腕，下按於敵右胯後下方。上右步於敵右腿外側（圖4－3）。右手掌拓按敵右大腿根處，馬步下蹲，以右膝外小腿靠擠敵右腿（圖4－4），至敵傾倒。

3. 胯後大腿

　　設與敵交勇，敵我右手相接，敵上左步於我右腿外側

（圖4-5），並以左拳擊我頭。我即以左手倒捋敵右腕，
騰右手上格攔敵左腕臂。蹲身下坐，以胯後大腿，坐撞擠
敵左腿外（圖4-6）。兩手隨蹲身下坐而沉落，至敵傾跌。

4. 臀胯撞

（金蟬脫殼招式中，已示例解析）

圖4-1　　　　　　　　　　圖4-2

圖4-3　　　　　　　　　　圖4-4

圖4-5　　　　　　　　　　圖4-6

5. 膝前大腿

設敵以右拳右步進擊我胸，我即以閃身上左步，勾扣於敵右腿外側膝後（圖4-7）。並以右手捋擒敵右腕，左手橫攔掌擊敵面，誘敵以左手抵攔，即捋敵左腕向左下按捌，使敵身拗捌。左腳跟上提，以膝前大腿頂擠敵右腿，制敵於我股掌之間，蹲身下勢倒敵。

圖4-7

6. 膝內腿

設敵以右拳左步進擊我胸，我即以右手持擒敵右腕，上右步，勾扣敵左腿外側（圖4−8）。左手按敵大臂，於我右腋前，以右膝內腿，擺撞擠頂敵左腿（圖4−9）。並屈膝伏身下蹲，至敵傾跌。

圖4−8 　　　　　　　　　　圖4−9

7. 內大腿

設敵以右拳左步進擊我胸，我即以右手持擒敵右腕，上右步勾扣於敵左腿外側（圖4−10）。右手持擒敵右腕，向我右腿外持按。並以右內大腿撞擠敵左腿（圖4−11）。蹲身下勢致敵傾倒。若輔以招手，其效尤佳。

8. 內小腿

設敵以右拳右步進擊我胸，我即以右手持擒右腕，上右步勾扣於敵右腿內側（圖4−12）。右持手向右下持捌，並以右內小腿，頂擠敵右小腿（圖4−13）。蹲身下勢，

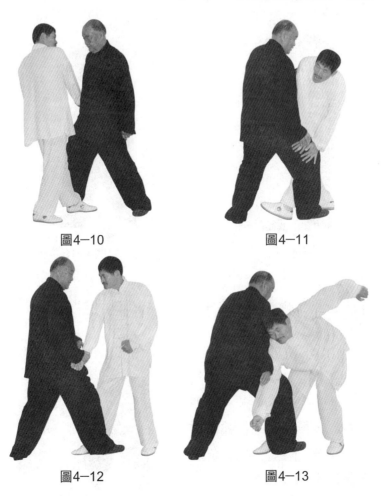

圖4—10　　　　　　　　　　圖4—11

圖4—12　　　　　　　　　　圖4—13

捌制敵傾跌。

9. 外大腿

　　設敵以右手捋我右腕，並上左步，進於我右腿外側
（圖4－14），又以左拳擊我頭肩。我即以右腕纏擒敵右
腕上提，以右臂格架敵左拳，向右擰身，以右外大腿，擺

圖4-14

圖4-15

撞擠靠敵左腿內側（圖4-15），蹲身下勢致敵傾倒。

10. 外小腿

設敵以右拳進右步，踏我中門，進擊我胸，我即以右虛步攔捋手，捋擒敵右腕，下按外捌，並以右步前進於敵右腿外側（圖4-16）。右手外捌敵右腕，以右外小腿，向右擺撞敵右小腿（圖4-17）。蹲身下勢，致敵傾倒。

圖4-16

11. 跟小腿

設敵以右拳右步進擊我胸，我即以右手捋擒敵右腕，

圖4-17

圖4-18

圖4-19

上左步勾扣於敵右小腿後（圖4-18）。繼以左撲面掌擊敵面，敵若以左手抵攔，即以左手捋敵左腕，向左下捋捌，並以我左腳跟上提，回撤後掛敵右小腿（圖4-19）。蹲身下勢，致敵傾倒。

12. 蹺腳尖

設敵以左拳右步進擊我胸，我即以虛步攔捋手擒敵左腕，上左步勾扣於敵右小腿外側（圖4-20）。左手捋擒敵左腕，向左下捋壓，並以左腳上蹺腳尖，勾攔敵右小腿踝部（圖4-21）。右手掌順敵右腿內側，撫摸下落，探己左腳尖，虛步下勢致敵傾倒。

圖4-20

圖4-21

13. 胯大腿

設敵以右拳右步進擊我
胸，我即以右捋手、左撲
面掌承接擊敵。並以左腳
勾扣於敵右腿外側（圖4-
22）。敵若以左手格攔，即
以左手捋敵左腕，向左方捋
擒，拗捌敵身。同時，以左
腿屈膝提跟，以胯大腿擠靠
敵右腿（圖4-23）。蹲身
下勢，致敵傾跌。

圖4-22

14. 前大腿

設敵以右拳右步進擊我胸，我即以攔捋手兩手擒敵右
腕，向左提擺捌制。並上左步，勾扣於敵右腿外側（圖

圖4-23

圖4-24

4－24）。即以我左腿屈膝
提跟，以左前大腿靠擠敵右
腿（圖4－25）。蹲身下勢，
致敵傾身倒跌。

15. 前跪腿

設敵以右拳右步進擊我
胸，我即以倒挎手將敵右腕
臂夾在我左腋下。並上左步
於敵右腿外側膝前（圖4－
26），身向右擰轉，以左膝

圖4-25

前跪頂夾敵右膝腿（圖4－27）。伏身下勢，折臂倒敵。

16. 側跪腿

設敵以右拳右步進擊我胸，我即以倒挎手將敵右臂夾
入我右腋下。並上左步於敵右腿內側（圖4－28），繼以

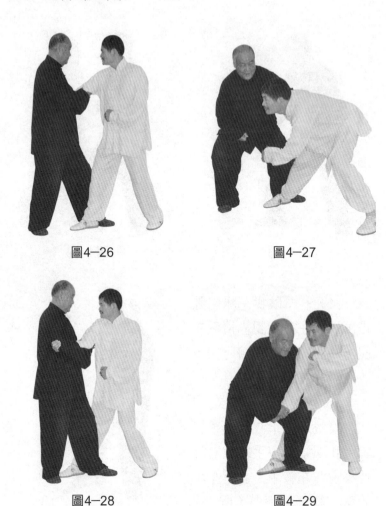

圖4—26

圖4—27

圖4—28

圖4—29

左掌順敵右腿下撫摸至腳。以左腿屈膝跪地，夾別敵右腿
（圖4—29）。伏身前傾倒敵。

17. 後蹬腿

設敵以右拳左步進擊我胸，我即以左虛步，攔捋敵右

圖4－30 圖4－31

腕，向左上拱提。並上左步於敵左腿外側（圖4－30）。
兩手拱擒敵腕下落，右擰轉身，以左腿後蹬頂別敵左腿
（圖4－31）。伏身下勢致敵傾倒。

18. 碾腳蹬

設敵以右拳左步進擊我胸，我即以倒捋手將敵右臂夾
入我左腋下。上左步於敵左腿外側（圖4－32）。右手擒
敵左腕臂，左臂屈肘夾敵頭項。以左腳掌著地，外碾左腳
跟，頂別敵左小腿處（圖4－33）。右轉身後蹬別腿，下
勢倒敵。

19. 前鏟腿

設敵以右拳右步進擊我胸，我即以盤步刁捋手擒敵
右腕，左手托敵右肘上推。上右步於敵右腿外側（圖4－
34）。繼上左步於敵身後，右轉身屈左膝下蹲，以右腿撲
步橫腳鏟擊敵右小腿踝處（圖4－35）。蹲身下勢倒敵。

圖4—32　　　　　　　　　圖4—33

圖4—34　　　　　　　　　圖4—35

20. 撲地蹬

　　設敵右拳右步進擊我胸，我即以攔挎手挎擒右腕，下壓上拱提，左擺捌。移左步屈膝下蹲，撲右腿，蹺腳尖，蹬敵右小腿踝部（圖4—36）。兩手隨下勢下按敵右臂倒

敵。

21. 外跪腿

設敵近身以右拳右步進擊我胸，敵右步進於我左腿外側（圖4－37）。我即以左手挐擒敵右腕，左腳尖外擺，左轉身疊步下蹲，以左膝外跪撞切敵右腿（圖4－38）。左手隨蹲身下壓倒敵。

圖4－36

圖4－37

圖4－38

22. 裡跪腿

設敵近身以右拳右步進擊我胸，敵右步進於我左腿內側（圖4－39）。我即以左手攔挐敵右腕下按，左轉身疊步蹲身，以右膝跪撞敵右腿（圖4－40）。蹲身下勢倒敵。

圖4—39　　　　　　　　　圖4—40

23. 坐跪腿

　　設敵近身以右拳左步進擊我胸，左步進於我右腿內側
（圖4－41）。我即以右手捋擒敵右腕右捋下按。並回撤
右腳，勾敵左小腿，屈膝下跪。左腳前撲蹺腳尖（圖4－
42）。右手捋敵腕前探左腳尖，致敵傾倒。

圖4—41　　　　　　　　　圖4—42

24. 擠胯擊

設敵以右拳右步進擊我胸，敵右步進于我左腿內側深處（圖4-43）。我即以左手推敵右肘，右擰身，以左胯擠擊敵左腿胯（圖4-44）。擠敵跌出，破敵攻勢。

圖4-43　　　　　　　　　　圖4-44

25. 小跪腿

設我右手捋敵右腕，上左步以左撲面掌擊敵，敵若頂力不能進時，我即以左膝前小跪，頂擠敵右腿（圖4-45）。破敵頂力，繼而攻擊。

26. 後掛腿

設敵以右拳右步進擊我胸，敵右步進於我左腿內側（圖4-46）。我即右步橫

圖4-45

圖4—46 圖4—47

移，左轉閃身，以左腳跟勾掛敵右腿踝處（圖4－47）。
並以左手按敵右腕臂，右手掌前推倒敵。

27. 側掛腿

設敵以右拳右步進擊我胸，敵右步進於我左腿內側
（圖4－48）。我即右轉閃身，左手推敵右肘，並以左腳
勾掛敵右腿（4－49）。左腳擦地向右腳併步，左手向左
撥甩敵右臂倒敵。

28. 橫胯撞

設敵以左拳右步進擊我胸，右步進於我左腿外側（圖
4－50）。我即以左手捋擒敵左腕向左捋。右腳前移，左
腳跟進，並向左前橫進一步，以左胯撞擊敵腹襠（圖4－
51）。

29. 擺切跪

設敵以右拳右步進擊我胸，右步進於我左腿外側（圖

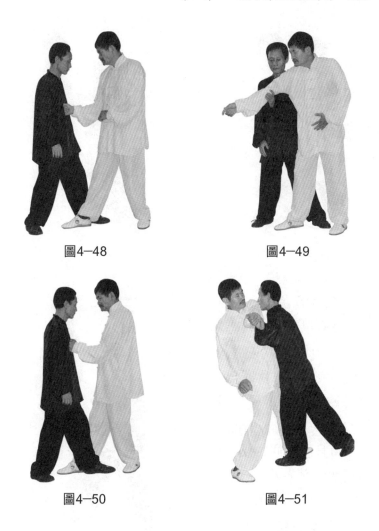

圖4－48　　　　　　　　　圖4－49

圖4－50　　　　　　　　　圖4－51

4－52）。我即以左手攔捋敵右腕，左轉閃身，並以左腳
尖外擺，勾扣敵右小腿，屈踝屈膝，蹲身以小腿切跪敵右
小腿（圖4－53）。蹲身下勢倒敵。

圖4-52

圖4-53

30. 扣切跪

　　設敵以右拳右步進擊我胸，右步進於我左腿內側（圖4-54）。我即以右手刁捋敵右腕，左手擒敵右肘，並以左腳內扣敵右小腿，蹲身屈膝屈踝腕，以左小腿切跪敵右小腿（圖4-55）。蹲身下勢倒敵。

31. 夾剪腿

　　設敵以右拳右步進擊我

圖4-54

胸，右步進於我左腿內側（圖4-56）。我即以右手將擒敵右腕，向右上提手。並上右步於敵右腿內側，右轉身以兩腿夾剪敵右腿（圖4-57）。兩手擒敵右腕臂，隨蹲勢

圖4—55   圖4—56

圖4—57   圖4—58

下按将倒敵。

32. 擺胯擊

設以夾剪腿制敵未倒（圖4－58）。我即左轉身進右步，以右胯搖擺擊敵腹襠（圖4－59）。衝步蹲身倒敵。

圖4—59

圖4—60

33. 前掛腿

設敵以右拳右步進擊
我胸，右步進於我左腿內
側（圖4－60）。我即以倒
挒手右轉身，夾敵右臂於
我右腋下，並以左腳尖上
蹺，勾掛敵右小腿（圖4－
61）。繼以右腳前進，左
腳跟進，以左腳前掛敵右
腿，前後反背拳擊敵倒跌。

圖4—61

34. 切換腿

設敵以右拳右步進擊我胸，我即以左虛丁步攔挒敵右
腕（圖4－62）。我上右步擊打，或上左步踢擊，暫態切
換，隨機應變。

圖4－62

圖4－63

35. 貼身靠腿

設敵以右拳右步進擊我胸，右步進於我左腿內側（圖4－63）。我即以右捋手、左撲面掌應擊敵面。敵若以左手抵攔，我即以右步暗進，並靠於左腿，以左側身步柔貼靠於敵身（圖4－64）。敵身受制，欲避脫時，我即進左步蹲身下勢，落掌倒敵。

圖4－64

36. 暗進腿

設敵以右拳右步進擊我胸，右步進於我左腿內側（圖4－65）。我即以右手捋敵右腕，左手以撲面掌擊敵。敵

圖4-65　　　　　　　　圖4-66

若以左手抵攔，我即伏身下按敵左腕達身胸，右腳暗進半步（圖4-66）。靠近己左腳後，起身衝步進身倒敵。

　　八翻手之暗腿，在八翻手拳路中多有應用。尚用者，在實戰中應用常見，非僅此七十二例。學者應在實際應用中，研究求真；以就拳法，不為拳法所固有者，為上乘。

　　此示例三十六式，更分左右，衍為七十二式暗腿。八翻手拳，左右互練，連續變化，其招勁不斷；不受場地限制，無路線約束，故人曾稱謂連拳。

第五章
先賢論武術應用及拳譜用法摘要

第一節　先賢論武術應用法

先賢論武術應用法，筆錄年久，溫而不厭，是為實際經驗之談，有助於學武術應用者，參考借鑒。

軍事家言：「兵可百年不用，不可一日無備。」

孫祿堂先生云：「飯不可一日不吃，拳不可一日不練。」

張之江先生云：「拔劍而起，挺身而鬥，雖屬匹夫之勇，苟武術專家無此種精神，則與不兌現之支票等爾何益哉。」

馬之貞先生云：「練武術就是預備打，不怕他身長力大，就是不敢來打。」

由此可知，練習武術，與練兵相似，拳可練而不打，打法不可不備。茲將各家打法，列之供參考。

吳峻山先生云：「打法在巧不在力。會打的看見對方周身都是破綻，臨場以靜待動，他不動身時我不動，他一動時我先動。」

龔潤田先生云：「打時眼要清，心要明，點著透骨入髓，拿著挫骨分筋，其快要如風似箭，其法要熟極而流，則得矣。」

黃伯年先生云：「拳腳無情，與手交手，一硬不破，一快不破；快則他找不清，硬則他破不掉，故先上手為強。」

姜容樵先生云：「拳打三分，腳踢七分，臨場之時，要神清氣沉，膽大心細，不動如伏鼠，動如奔虎，知己知彼，百戰百勝。」

馬永勝先生云：「學打三年，不如真傳一話。練勢千著，一熟為先。打法人人皆會，各有巧妙不同，其竅在於空即補，伺隙即進。」

馬慶雲先生云：「使力就打，見拳還拳，手快打手慢，誰怕打，誰就輸，所謂剛在他力前，柔在他力後，彼虛我實，此局即贏。」

楊松山先生云：「勾捋摔絆，主力在腰，進退在步，捲屈支撐，重心不移，力點得勢，穩操勝券。」

王雲鵬先生云：「手是兩扇門，全憑腳踢人。手到腳不到，鬼也打不到。三法一齊到，金剛也跌倒。故正踢不如反踢，迎踢不如偏踢，所謂出其不意，攻其無備也。」

王子平先生云：「力大為王，大披大掛，只是一下，犯了招架，就是十下。」

郭錫山先生云：「他剛時我柔，我柔時他不能剛。手快腳快，保可不敗。」

胥以謙先生云：「掌從心出，拳從肋出，借力打人，

狀如順水推舟，熟能生巧。讓他舊力以過，新力未生之時，我已進，其勢必勝。」

王景伯先生云：「他不打時我不打，他一打時我先四兩，可以撥千勁。」

一明白：「熟讀湯頭歌，不如臨症多，臨場決鬥，須破生死關頭，置勝負於度外，捨己從人，視不勝猶勝，則無往不利矣。」

第二節　賢師論用法要訣

外要提，內要隨，手足齊到法為真。

意要遠，氣要催，拳似炮，蛇捲身，應敵猶如火燒身。

何謂閃，何謂進，打即顧，手發便是處。力如火藥拳似彈，靈機一動鳥難飛。

敵不動，我沉靜，敵微動，我先發。不動如書生，一動如猛虎，發動似迅雷不及掩耳。

手要靈，足要輕，進退旋轉如貓行。

身要正，目銳精，手足齊到定能贏。手到步不到，打得不巧妙；手到足也到，打人如拔草。

上打咽喉下打陰，左右兩肋在中心；拳打丈外不為遠，近者只在一寸間。手擊如巨炮直衝，足落似大樹栽根。眼要敏，手要疾，步踏中門，鑽人重心奪敵位，即使神仙也難防。

鷂子入林燕抄水，虎捉羊群抖威風；取勝四梢均齊

整，不勝必有癡凝心。

聲東擊西，上虛下實。單手出雙手來，拳由心窩去，發向鼻尖前，兩手結合迎面出，自然把定五道關。遇敵猶如身著火，打破硬進無遮攔。

與對手交手時，保持自己中心位置不被侵犯，還需用最大努力，控制對方的中心線，雙手永不離對方鼻子上部分，意如牽牛任我為。

搭手時要注意步法奇正，往往進半步或退半步，即足將對方擊出，而並不在手臂的動作大小。

發勁在一剎那間，在有形無形、有意無意之中。習練八翻手拳，務必內外兼修，形神合一，自虛無而起，自虛無而進，習而悟之。

演練時無人當有人，應戰時有人當無人。

人勢須當審，腳踢頭歪，拳打膀乍，榨身進步，伏身起發，斜行換步，攔打側身，展腿發伸，指東打西，上虛下必實。

起欲落，落欲起，起落要相隨。進復退，退復進，進退要往復。身手齊到是為真。

剪子股，望眉斬，反背捶，上下反，如虎搜山。

出手先占正門，此謂巧也。去是撒手，著人成拳。用拳，拳要攢得緊。用把，把要把氣定。

能教一思進，不教一思退。有意莫帶形，帶形必不贏。

第三節　八翻手拳譜用法摘要

八翻手拳演練與應用相合，為意尚多，今擇其要言之。

一、拳

拳之應用，向前擊，為擊面、擊心、擊襠，即玄關、中腕、下丹田三穴，世稱死穴，擊重則死。以立拳擊面，為撞勁，勁發自腰。以拳關節名為反背捶者，為砸勁、顛勁，勁發自肩臂。擊心之拳，為鑽勁，為點勁，為衝勁，為滾切勁，勁發自全身。以腰催臂，臂催拳，一發而莫遇。擊襠之拳，為栽勁，為插勁，勁發自脊。凡前擊之拳，貴沉著而忌大過。欲得機勢，宜求之腰腿。

向左右應用之拳，上擊頭部者，用拳底橫摜兩鬢，為摜勁，為砸勁，勁發自腰脊。中擊腰肋者，為砸勁，為橫勁，勁發自肩背。中擊腕臂者，為截勁，為砸勁，務須全勢下擊。

翻身向後用拳下壓敵臂者，為壓勁，為合勁，進則衝擊，退則截榨。

拳法實施應用，大抵如此。至各式變化，或挑，或格，或勾，或攔，則腕膊之勁始於足。

二、掌

掌之應用，在本拳法，以其勁名分之：約為撲勁、撇

勁、攛勁、推按勁、擒拿勁、搬扣勁、發勁、挑勁、摟
勁、摸勁等。其形式依應用而異。前於解釋拳路已分見其
功用，盡可顧名思義。於演練時順其應用求而得之。

　　本拳法用掌處，半主撲擊擒拿，半主於誆誘驚敵。如
取勝致果，仍專恃用拳。

三、腳（附腿）

　　在本拳法，以踢腳、戳腳、蹬腳、勾腳、分腳、外擺
腳、裡合腳、踩腳、點腳等法為用。

　　本拳法用腳，尤以捋捆當先，在捋制敵攻手後而用，
是為用無不中之法。

　　稱謂三十六明腿，前已詳述拳路，故不贅述。

　　以上拳、掌、腳三者，可包括拳中應敵所需。然肩、
胯、肘、膝無不能用，皆助此三者之不及。三者之中，尤
以拳為重。應八翻手拳中之掌法，半主於虛著，以捋擒捆
鎖為先，若取勝致果，仍專依拳、腳。學者宜詳分拳者、
掌者、腳者之應用。各得其法，就其便於已者，不懈而練
習應用之。

　　昔之技擊者，精其一招，遂無敵於天下，是以不貴多
而貴精。然必經過極深刻之研學始能成。非無意識之盲練
可收效也。唯需發揚其捋手當先獨到之妙，由姿勢以求
招，復由用招以生勁。非順一定之步驟，持之以恆，成為
習慣，經實際之操戰揣摩不可得。

　　學者應就性之所近，心之所喜，各擇一法或數法，日
常練習應用之，其成功至速，雖至少有一「招」之精，是

因而豁然貫通也。拳法、掌法、腳法，大抵如此。其外擊敵之招，指、腕、肩、臂、肘、胯、膝、腳等之用，重在連貫相合，各盡其妙。

總之，發揮自然之本能。以就拳法，勿為拳法所圍者，為上乘。而其妙則在乎有意識之演練。

八翻手之應敵方法，有打穴、擠擲、捋擒、捆鎖、卸骨、撅折、推按、截攔等，而其要不外攻防兩法，用一「招」字可以概括之。一百八十招式皆有之，為達健身養生，致用安全，下列幾處切勿輕試致用，望知之慎之。

絕對不可打者，計有八處：一頭頂，二兩耳，三咽喉，四中腕，五兩肋乳下，六前陰，七內腎，八尾閭。以上不盡以穴指明，而顯言其部位，使學者注意易知，而不敢輕試也。

此外部位，如眉間、耳根、咽喉、中腕、期門、海底、尾閭、腰腎八部，擊之雖輕，也易傷生命，慎之慎之。至於折指、剪腕、剏肘、蹴脛、踢踩，以及跐踏腳趾、腳背，皆足以傷四肢。

八翻手拳，雖以毀傷四肢為特長。然為了安全，相互演練切磋技藝時，應以掌帶拳，改擊打為推擲。點到為至為妥，以防意外不測。

第六章

岳家散手與八翻手之關係

第一節 岳家散手拳傳承體系

岳家散手拳，相傳為宋岳武穆得散手法，於麗泉山僧。謂即達摩祖師之所傳，後人名之曰岳家散手，傳說此拳為岳家軍操練士兵所用，皆為散練手法。其傳遞遷之跡不詳。

於清同治年間，有河北雄縣劉仕俊先生，得其真傳，在北京護軍營教授此拳，計有手法一百八十招式。授徒有紀子修、劉德寬等人，後劉德寬先賢因此拳手法繁多，散練且雜，不易領會記憶，便潛心研究，編創為八翻，左右互習，一路既盡，翻轉身法，再接一路，名為岳氏八翻手。從此岳氏散手與岳氏八翻手有了區別。

岳氏八翻手拳，雖由岳家散手變化而來，切不依於散練手法，而是由招式組合成路，由八路組成一翻，為有順序之演練，以便於記憶和領會，是劉德寬先賢編創之目的。劉先賢在編創此拳過程中，曾以其變化多而得名，曰

子母拳、夫子拳。又因其可連貫演練，又名曰岳氏連拳。這些拳名稱謂，都是在劉德寬先賢編創過程中所稱。最後定名岳氏八翻手。

今若再以上述之名稱拳，即欠妥。因岳氏連拳、子母拳、夫子拳的演練，與八翻手拳之演練法，根本不相同，故拳不能混練，名不可混稱。而傳承體系也不同，兩者有關係，切不能混為同一體系。

岳氏散手傳承體系，遞邅之跡不詳，唯以相傳為依：

始祖——達摩祖師

一代祖師——麗泉山僧

二代祖師——宋·岳武穆

近代祖師——劉仕俊

劉仕俊傳人——紀子修、劉德寬等多人。

第二節　岳氏八翻手傳承體系

岳氏八翻手拳，編創於清光緒年間，時約於 1898 年前後，為劉敬遠（名德寬，人稱大槍劉）所編創。傳為少林嫡系。劉德寬先賢始傳八翻手拳，授徒許禹生、劉恩綬等人。

約在 1912 年前後，許禹生、劉恩綬等人，創立北京體育研究社，以八翻手拳為教課，廣泛傳授此拳。且傳拳名曰岳氏八翻手，廢止其他別名之稱。

約在 1915 年前後，山西汾陽王新午，就學於北京體育研究社，拜劉恩綬為師，學岳氏八翻手，拜許禹生、紀

子修、吳鑒泉為師學太極十三式，1930年，王新午編著《岳氏八翻手》一書問世，為一翻八路，書中提到「此拳尚有中八路，後八路，及敬遠公同年所編之夫子拳。皆發源於岳家散手，茲先取此拳，依法編述。」已闡明八翻手並非一翻。

1986年，王新午弟子王錦泉，編著《岳氏八翻手拳法》一書出版，為上八翻、中八翻、下八翻二十四路拳法。並闡明將陸續整理岳氏散手三百六十手、太極拳散手，編寫成冊。未能付梓，以成遺願。

1989年，王新午弟子馬野居，編著出版了《岳氏連拳——八翻手》一書，並在其第一章緒論中寫到「岳氏連拳，前後共分三段。每段各有八路，統其全部，計二十四路。」

此後，社會上有文字記載八翻手拳二十四路，並廣泛流傳。沒有文字問世之拳路，只在內部流傳，故人多不知。是不知，並非沒有。王新午弟子李毓秀師，在傳其弟子八翻手歌訣中寫到：「以上四趟翠八翻，還有四趟另外傳。」已明確八翻手拳，實有八翻。可惜沒有再傳人，深為憾事！

2011年，余編著出版《岳氏八翻手拳》一書，將八翻手拳、八翻六十四路拳法，完善出版，以文字記載形式，流傳於社會，以期發揚光大。今之編著《八翻手拳用法解析》一書，梓行以廣流傳，是為了這一優秀拳種，不致湮沒失傳；也是為忠實繼承，弘揚余諸先師，不以其術自私，尤以提倡武技，強我民族之精神為楷模，揚我中華傳

統武術文化，與時俱進，做一名對人民，對社會有用的武
術愛好者。

八翻手拳傳承

始祖——劉德寬

一代：劉德寬傳人——許禹生、劉恩綬

二代：劉恩綬傳人——王新午

三代：王新午傳人——劉玉明　申子榮　郝學儒
　　　　　　　　　　趙思杰　張萬榮　李毓秀
　　　　　　　　　　張安泰　梁春華　薄應遴
　　　　　　　　　　李尚德　李雲龍　王錦泉
　　　　　　　　　　馬野居

四代：郝學儒傳人——張希貴　劉篤義　趙國華
　　　　　　　　　　趙　喆　劉虎群　王維禮
　　　　　　　　　　呂增祿　龐　英　張振明

四代：薄應遴傳人——劉篤義　劉成林　王華堂

四代：李雲龍傳人——張正國　陳家樂　呂永杰
　　　　　　　　　　王建中　吳子俊　賀小平
　　　　　　　　　　李國祿　劉文輝　楊造堂
　　　　　　　　　　曹永勝　解志忠　趙英林
　　　　　　　　　　葉文平　李玉栓　劉篤義
　　　　　　　　　　馬　軍

四代：王錦泉傳人——劉篤義　張三貨　劉成林
　　　　　　　　　　郭汝新　李振玉　史聚德
　　　　　　　　　　翁廷華　馬德祥　薛文江

馮天德	梁保才	王連恒
張景龍	溫錦明	曹曉波
鄧天昌	程建華	武新躍
楊　軍	智金柱	馮　才
陳寶元	白建國	高秋景
孫福堂	白福瑞	雒　安
許合林	張瑞蘭	范改英
武海霞	劉曉青	劉素貞
劉瑞青	劉素琴	胡嵐平
賈義平	陳小強	左向東
張　毅	郗俊平	孫麗麗
劉德玉	武秀峰	薛彩萍
趙國太	白慧斌	楊保旺
李建民	米榮花	張戰英
袁鍾麗		

五代：劉篤義傳人──劉俊芝　陳玉鎖　李全保
韓永勝　張冬生　梁兆明
王作俊　聶連軍　任向睦
滕　軍　高永生　顏景山
董翰斌　崔電勇　韋天明
趙　慈　高本學　林建平
任曉原　殷　炤　劉浩利
魏　征　劉之清

五代：張希貴傳人──董榮生
五代：苗樹林傳人──溫玉恩　梁俊琴　李三毛

	張玉全	李建軍	張國天
五代：劉文輝傳人——	趙樹申	徐明飛	魯宗鈺
	雷　斌	張　兵	刑茂忠
	任曉健	王武忠	
五代：馬　軍傳人——	韓煥臣	潘蒙海	王建軍
	王紅軍	房志強	賈建華
	張景輝	韓煥軍	何院友
五代：李玉栓傳人——	李　鋼	李　鐵	董立昆
	雲建軍	劉文勝	吳英臣
	紀建明	王學文	紀東明
	馮　喆	王召輝	賈俊旗
	范道同	王立峰	趙良波
	趙良鍵	王　甯	李豐柴
五代：史聚德傳人——	景　雅	韓福來	尹振山
	石燕娥	賀喜珍	趙子玉
五代：薛文江傳人——	王俊生	武惠玲	朱志英
	翟培絨	丁　茹	
五代：梁保才傳人——	王錦寶	陳勁松	朱德智
五代：王連恒傳人——	李志勇	梁小仙	張會平
	孫官明	鄭雲香	
五代：楊　軍傳人——	陳建萍	史永峰	胡美玉
	翟興旺	劉　毅	劉成縈
	王宏斐	吳瑞敏	方　睿
	喬　慶	李建華	戴　杰
	林毅鴻	周曉龍	楊志濤

　　　　　　　　　張　鑫　韓　志　鄒立宏

　　　　　　　　　王　宣　王　石　王友江

五代：左向東傳人──任承華　佟傳冉　馮瑞平

　　　　　　　　　趙曉飛　劉剛強　白　易

　　　　　　　　　池宇璠　任宏珊　范家序

五代：劉德玉傳人──焦建國　李廣建　劉志剛

六代：王作俊傳人──任建義　任　毅　任玄義

　　　　　　　　　任　澳

六代：焦建國傳人──張　堅　紀東明　王榮顯

　　　　　　　　　馮世軍

附　錄

岳氏八翻手拳部分拳師簡況

王新午（1890－1964），男，漢族，山西省汾陽縣孝臣村人。從小習練武術，青年時期就學北京體育學校。拜許禹生、紀子珍、吳鑒泉學太極拳，又從河北衡水劉恩綬學岳氏八翻手，深得其要。王先生謙篤和易，以提倡武術為己任，從不以其術自私，艱苦不懈以至終身。徒眾遍及晉、秦。其技臻奧妙，變化多速，無不得心應手，為武林高手所欽佩。

1930年在太原創立國術操練場及山西省國術促進會，三晉各派名師被邀集在國術促進會教拳傳技，參加習練者風起雲湧，盛極一時。

王新午先生撰寫出版了《岳氏八翻手》上八翻、《太極拳闡宗》、《太極拳法實踐》等，對傳播武術起了很大作用。「七・七」事變後，親率「技術總隊」抗日。後移居西安，棄政從醫，傳功授技，徒眾甚多，著名的有劉玉明、申子榮、郝學儒、梁春華、張安泰、薄應遴、李雲龍、王錦泉、李尚德、馬野居等。對推動中華武術事業的發展作了顯著的貢獻。

郝學儒（1897 — 1967），男，漢族，山西省萬榮縣河鎮劉村人。原太原市武術協會委員，著名老武術家。

郝學儒出身於武術世家，從小學文練武，掌握了家傳的少林拳、械，又拜本村薛克慶為師，學習武術器械。薛師傅是行武出身，精通十八般武藝，在其父和薛師傅的培養下，郝先生練得了一身好武功。後又拜王新午為師，學練太極拳、岳氏八翻手等，功高藝絕。

1932 年被聘為山西國術促進會教練。郝先生一生從事武術教授活動，數十年不輟。1953 年在華北地區武術運動會上表演「春秋大刀」、「鞭杆」等，榮獲金牌。同年十月，參加全國民族形式體育表演大會，表演他創編的「大鐵鍬」獲一等獎，《人民日報》曾作了報導。並在中南海懷仁堂為中央國家領導人表演。1960 年，省體委受國家體委委託，整理山西形意拳，由郝學儒執筆撰文和繪圖，整理出形意拳書稿上送國家體委武術處。

郝學儒文武兼修，其書法和繪畫亦有一定造詣。他有教無類，對學生不取分文，傳人甚多，僅在太原受其業者即達數千人。知名者有張躍倫、張振明、龐英、呂坤祿、陳俊豪、趙國華、劉虎群、張希貴、劉篤義等，為發展山西武術事業作出了顯著貢獻。

薄應遴（1908 — 1983），男，漢族，河北省冀縣人。1923 年在太原拜王新午先生為師，學習楊式太極拳、岳氏八翻手等。武術風格上，注重實踐應用。武德高尚，在山西老一輩武術界享有較高聲譽，曾任太原市武術協會副

主席。薄應遴先生文武兼修，尤精通中醫。薄先生授徒嚴謹，多以單傳方式授徒，知名者有劉篤義、劉成林、王華堂等人。為發展山西武術運動作出了一定的努力。

王錦泉（1914 — 2007），男，漢族，祖籍河北通縣，幼居山西太原市。幼年時體弱多病，12歲便拜趙思杰學練長拳三皇炮捶拳、陸捶武術，身體漸強，堅定了終身學武信心。為求知深造，經趙師推薦拜王新午為師學練岳氏八翻手、太極拳、360散手。時年16歲，聰明機靈，深受王新午先生之喜愛，遂入室精授。後又拜李振邦為師學練形意拳及器械等，多年勤學苦練，對八翻手之拳理拳法悉得其要，為了更廣泛傳播武術之精華，在尊師出版《八翻手拳》上八路的基礎上，繼而將中、下八翻手拳，編撰出版發行。他創編的《益壽內功經》，已傳授更多的武術愛好者。

在太原市杏花嶺體育場、人民公園、動物園、礦機廠、機車廠定點傳授武術。還在太鋼一中、二中、太鋼體育場等處創建了武術隊，抓提高推廣普及數十年不輟，被評為全國千名武術優秀輔導員之一。王先生廣教入門弟子和學生，一絲不苟。最著名的有劉篤義、張三貨、史聚德、薛文江、梁保才、王連恒、楊軍等。

王錦泉先生是山西省形意拳研究會常務理事，太極拳推手協會副會長，國家一級武術裁判。曾多次參加省市武術比賽的裁判工作。由於工作出色，被評為太原市工作模範和勞動模範。為發展山西武術事業作出了積極的貢獻。

　　李雲龍（1912—1992），男，漢族，河北省趙縣人，4歲時隨父母到太原定居。自幼酷愛武術，14歲拜趙思杰為師學練陸捶、溜腿、少林等拳械；18歲隨王新午練岳氏八翻手、太極拳；22歲隨山西國民師範八卦掌名師何雨波學練八卦掌；30歲拜楊式太極拳名師張欽霖為師學練楊式太極拳，兼修煉金山龍門派道功，為龍門派13代弟子。1944年拜繼業恩師李振邦為師學練形意拳，並將李師接到家中居住四年，盡得其真傳。

　　新中國成立後，李雲龍遷居包頭市，曾任包頭市武協副主席、內蒙古武協常委理事。1983年在上海第五屆全國運動會，被聘為70歲老拳師特邀代表，表演楊式太極拳、形意劍，受到國家領導人和武術愛好者高度評價。1982年特邀參加國家體委召開的全國武術工作會議。

　　歷屆西北五省市武術運動會，擔任總裁判長，為武術事業發展作出了較大貢獻。

　　李雲龍一生以教拳為榮，授拳以德為本，以功為根，以身為形，幾十年兢兢業業，從不收分文報酬，被學員譽為「龍大俠」。李雲龍授拳也留意培養一批弟子，佼佼者有包頭市張正國、陳家樂、賀小平、吳子俊；石家莊市李國祿、馬軍、劉文輝、趙英林、曹永勝、李玉栓、解志忠、楊造堂、葉文平；太原市劉篤義等。

　　申子榮（1904—1983），男，漢族，山西省平遙縣北長壽人，是民國時期南京中央國術館第一期學生。曾隨西北馬英圖習八極拳、劈刺等藝，後拜山西武術名師王新

午為師，學習太極拳、推手、岳氏八翻手等，擅長渾元一氣功。1956 年在北京舉辦的全國十二單位武術表演大會上，獲太極拳最優獎。「文革」期間，被定為黑幫，攆回家後，以行醫和授武為生，傳人很多。知名者有張希貴、陳俊豪、李三元、陳有山、苗樹林、張育人等。對武術事業的繼承、發展作出了一定的貢獻。

張安泰（1905 — 1991），男，漢族，山西太原市人。1929 年隨形意拳名師穆休易學習，後又從師於王新午先生學練八翻手、太極拳等，曾在原山西國術促進會、國術操練場擔任教練。1932 年代表山西省參加過南京擂臺賽，獲「武士」稱號。1984 年參加全國武術表演賽，獲一等獎。其知名弟子有范立言、苗樹林。

李尚德（1920 —），男，漢族，河北省正定縣人。1938 年隨著名武術家王新午學練太極拳、岳氏八翻手 24 路，掌握了岳氏散手「捲把功」和鷹爪拳、鷹爪功以及太極拳的各種散手招法。

李毓秀（1900 — 1984），男，漢族，山西省文水縣人。是文水左德昌，又名左二把名師之弟子，擅長彈腿、綿掌、槍、勾等拳械。後拜汾陽王新午先生為師，學練岳氏八翻手、太極拳。武功深厚，文水一帶傳人眾多。繼承人有其孫李金龍、李俊垳等。

李永柱（1905 — 1990），男，漢族，山西省汾陽縣人。出身武術世家，其父李增元，曾拜河北（大槍劉）劉德寬為師，得以真傳，李永柱幼承父學。精通各種拳、械，尤其是岳氏八翻手、六合拳、八母槍、黑白鷂子等。多次參加省地市武術表演和比賽，受到各級政府表彰和獎勵。1983 年參加全省武術挖掘整理錄影表演，獲表演獎。1984 年聘為呂梁地區武術協會顧問。

苗樹林（1933 —），男，漢族，山西省太原市人，山西省形意拳協會副主席。

苗樹林從 1949 年至 1984 年，先後從師王子玉、蔣維橋、張安泰、李三元、陳盛甫、申子榮、楊吉生等武林名家，學練車式形意拳、養身氣功、楊式太極拳、八卦掌、八翻手、渾元一氣功等。在四十多年的武術活動中，博學各派氣功，對研究人體科學頗有心得，對骨傷治療、氣功點穴治病也有所研究。曾多次擔任全省武術比賽仲裁工作，2001 年在山西科學技術出版社出版了《形意拳圖解》一書，為武術事業發展作出了貢獻。

劉篤義（1938 —）男，漢族，山西省平遙縣人，祖籍山東省章丘市夏家磨村。自幼喜愛武術，9 歲便跟小學老師學練長拳，幼小心靈啟蒙了熱愛武術的萌芽。18 歲參軍期間學中國式摔跤，21 歲轉業到太鋼工作，曾任太鋼摔跤教練，並先後跟王新午先生之高徒郝學儒、薄應遴、李雲龍、王錦泉等學練少林拳、岳氏八翻手、太極拳、形

意拳、八卦掌等拳械。並從李師雲龍先生學得金山龍門派道家養生功法。於武術與道功數十年不輟，頗有造詣，並曾向武術名家李永柱、李毓秀、申子榮等求教得益，學了許多技藝。1976 年— 2007 年，30 餘年來，曾多次以個人和領隊參加省市及全國武術比賽，均獲得優秀成績，並連續兩次參加山西省地方拳種演示會，演示岳氏八翻手、王式太極拳，獲得證書。1979 年以來，入選太原市代表隊，參加全省武術觀摩交流大會，獲優秀獎。2000 年代表山西省形意拳協會，參加全國形意、八卦精英賽獲一等獎，2005 年親自組隊參加全國太極拳大賽，演練王式太極拳、劍，獲團體拳、劍第五名和第六名，並獲大會「體育道德風尚獎」錦旗一面。2007 年由山西省武協組隊，參加香港回歸十周年武術大賽，獲兩金一銀。

2003 年，王錦泉先生為報其師王新午教誨之恩，以王新午先生為楷模，艱苦不懈，傳授技藝，創立新午門師武術學會（簡稱新武學會），以研究、實踐、傳授王式太極拳、岳氏八翻手、李氏形意拳為主要任務；兼傳授八卦掌、少林掌、三皇炮捶拳，及金山龍門派道家養生功法，為一體的傳統武學會，並樹立劉篤義為掌門大弟子。

劉篤義一生傾心於武術事業，曾任太鋼武協副主席、太原鋼城企業公司武協主席。現任太原市萬柏林區武協主席、太原市武協常委、太原市太極拳推手協會副會長、山西省形意拳協會常委、太原市形意拳協會副主席。多年來從事武術普及、教學、健身活動，受益者達千數人之多，為發展武術事業作出了較大貢獻，譽滿三晉。

史聚德（1947—），男，漢族，山西省晉中人，原太鋼技術中心工程師。現任太原市萬柏林區武術協會常委副主席。

自幼愛好武術運動。1964年跟隨王錦泉老師，學練八翻手、形意拳、八卦掌、炮捶、鞭杆、太極拳等，歷經四十餘年勤學苦練，頗有造詣，尤其善長鞭杆及太極推手。20世紀70年代任太原市第三武術輔導站輔導員，協助王錦泉大師舉辦各類武術培訓班，是王錦泉老師最得意的弟子之一。

曾參加過省市全國各級武術運動會，任運動員、裁判員、領隊，均取得優異成績。2000年以來深入研究道家內功及養生，體會頗深。常年活躍在太原市各公園、體育場所，教授學生、弟子，頗得較高聲譽。

薛文江（1955—），男，漢族，祖籍山東泰安薛莊人。自幼喜愛運動，少時從師泰安名武師薛肇謙先生習練大洪拳、十六趟架子功。20世紀70年代中期返龍城太原，師從王錦泉先生習練形意拳、岳氏八翻手、王式太極拳、推手等，80年代中後期，向二師兄張三貨習練形意進退連環及鞭杆、梅花槍等拳械，90年代後隨掌門大師兄劉篤義習練，研究八翻手拳法拳理、散手、技擊用法，太極拳推手手法、技法、招法，獲益匪淺，技術日臻完善。

70年代以來進入太鋼武術隊，曾多次參加省、市及全國武術大賽，均獲得優秀成績，現任太鋼武協常務理事，太原市形意拳協會理事，太原市推手協會副會長，山西省

形意拳協會委員。國家武術五段、二級社會指導員、二級裁判員。多次參加各級武術裁判工作，多次獲優秀裁判員稱號。

梁保才（1958 —），男，漢族，祖籍山西陽泉，幼年酷愛武術，1969 年入學太鋼一中，隨王錦泉老師習武，並加入校武術隊，習練長拳、形意拳、八翻手及各種器械，尤以雙刀最為精湛，後拜王錦泉先生為師，進一步習練王式太極拳及推手，同時向二師兄張三貨、掌門大師兄劉篤義研習形意拳、八翻手、太極拳推手的各種技藝、招法、用法，受益匪淺。1973 年，代表太原市參加山西省武術比賽，獲棍術第二名。1979 年，進入太鋼武術隊，曾多次參加市、省及國家級的武術比賽，均取得較優異的成績。同年在山西省老年首屆武術比賽中，獲優秀裁判員獎。

王連恒（1959 —），男，漢族，山西太原人，1968 年師從王錦泉習練長拳、三皇炮捶、八翻手、形意拳、八卦掌、王式太極拳等拳械，並得到了李雲龍師伯、李桂昌先生、許有德老先生、孟憲時老先生等人的指導。並於二師兄張三貨進一步習練形意拳、六合劍、六合槍、梅花槍等，後於大師兄劉篤義習練、研究八翻手拳理、拳法、技擊散手用法及太極拳、太極推手的手法、技法、招法等。常與眾多師兄弟及武林同仁共同習練，實踐切磋，技擊技術得到了極大的提高。

現任山西省形意拳協會委員、太原市太極拳推手協會

副秘書長、太原市形意拳協會常務理事、武警山西總隊擒拿格鬥和太極拳教練、太原警備區擒拿格鬥教員、太鋼武協常委。國家武術五段、國家二級武術裁判、二級社會體育輔導員。先後在首屆北京全國形意拳邀請賽、首屆河北深州國際形意拳交流大會、首屆山西國際傳統武術邀請賽、首屆太原市形意拳錦標賽等武術比賽中獲得冠軍、一等獎等優異成績。並多次參加各級武術比賽裁判工作，被評為優秀裁判員。

陳建華（1964 —）男，漢族，山西省太原市人。自幼喜武，1975 年師從王錦泉先生習練長拳、形意拳、岳氏八翻手、王式太極拳等拳械。上大學期間，幸得山西大學教授陳盛甫的指點。畢業後在太原電大附中任教傳授武術，繼承發展了岳氏八翻手等優秀拳種。2005 年參加江蘇鹽城全國太極拳大賽，獲王式太極拳、劍兩項金牌。2010 年10 月參加國家級武術健身操的培訓和傳授岳氏八翻手拳。2010 年 3 月，在第八屆香港國際武術節比賽中，獲岳氏八翻手項第二名，獲王式太極拳第六名，2007 年在山西省首屆國際傳統武術賽中，獲岳氏八翻手項第三名。

劉素貞（1957 —）女，漢族，山西太原人，祖籍河北省南和縣。從小喜歡武術運動，初中畢業 1973 年在公園認識王錦泉老師，開始了武術鍛鍊。前後習練了長拳、形意拳、岳氏八翻手、王式太極拳、劍、鞭杆等。後拜王錦泉為師。1979 年在太鋼參加了工作後，進入了太鋼武術

隊，曾多次參加省、市、區的武術比賽，曾獲山西國際形意拳比賽第五名，山西省傳統武術比賽中獲八翻手項第四名、王式太極拳獲第三名。

2001 年以來，和大師兄及眾多師兄弟們，習練、研究岳氏八翻手、王式太極拳的攻防要領及手法，深有心得。

張瑞蘭（1957 —），女，漢族，山西太原市人。自幼喜愛武術，1972 年，跟隨王錦泉先生習練長拳、形意拳、岳氏八翻手、王式太極拳等拳械。1979 年參加太鋼武術隊，後拜王錦泉為師深造，並隨大師兄劉篤義習練王式太極拳、劍、岳氏八翻手等，從中受益匪淺。

2001 年參加山西省平遙首屆國際形意拳邀請賽，獲拳、劍三等獎，2004 年參加太原市武術大賽獲二等獎。2007 年在山西省首屆國際邀請賽、暨山西省傳統武術錦標賽中，獲八翻手項第二名。

劉瑞青（1958 —），女，漢族，山西省太原市人。自幼喜愛武術，15 歲時在龍潭公園認識了王錦泉老師，隨其學練長拳、形意拳、太極拳、岳氏八翻手等拳械，曾多次參加省、市、區的武術比賽，均取得優秀成績。2007 年參加山西省首屆國際傳統武術邀請賽，榮獲王式太極拳第一名，岳氏八翻手第三名。2001 年參加平遙國際形意拳比賽，獲第四名。2001 年以來向大師兄劉篤義學練王式太極拳、劍、八翻手功法及散手，益智開竅，受益匪淺。

編後記

　　中華武術，博大精深。源淵流長的八翻手拳，以它獨特的技擊招法，豐富和發展了中華傳統武術技藝。武術之技擊法，千變萬化，無統一定式，各拳種有各拳種的特色，可稱百花齊放之景。然遇敵交勇，拶手當先是八翻手拳的獨到之處，也是八翻手拳者的顯見，是百花中的一枝奇葩。

　　《八翻手用法解析》一書出版問世，它將為廣大武術愛好者，提供了珍貴的借鑒，便於更好地瞭解八翻手拳，促進相互交流，共同提高。

　　《八翻手用法解析》一書，突出了技擊性、實用性、技術性。但技擊不外八法，八法者即攻防並用法、正面拶打法、撇身鑽打法、擒鎖靠打法、捆拿摔踢法、捆鎖擠擲法、截拿捆打法、封手掩打法。

　　此八法包含於套路之中，推手散練實際應用則是八法的慣用，無論習練套路或推手實際應用都需熟習此八法。因此說八法即是八翻手之用法。但只練套路是有體無用，其弊在於無變化；只練實際應用是有用無體，其病在於無

根本，只為求體魄之健康，則習套路已足，欲得其用，必須二者兼習。

　　八翻手拳以練體而言是知己功夫，久練純熟，則體力無形增進，轉弱為強，神經敏捷，智慧日增，自可祛病延年。以練用而言是知人功夫，久練功純，才能手足靈活，剛柔進退，變化神奇。然唯有體用兼習，方為知己知彼。不能知己知彼，則不能與人相較。常見所謂只學「技擊」者，為用而用，必以拙力行之，此則大誤，有望學者戒之。欲熟於技擊，要以練套路為主，從腰腿上求功夫。因技擊首先要求是反應快，要反應快就必須一招一手精熟，腰腿靈活有力，才能輕靈圓活地應付對方，聽得對方勁向，隨機應變，聞一知百，變化無窮。

　　總之，八翻手拳之技擊用法，雖有數傳承，即無數變化，而是隨時隨勢相機而變，即所謂散手無一定法規，即此意也。

　　拳中一式可數用，數式可一用，總要揣時度勢而行。不能等對方之招式在己身落實，而自己亦不能總用一個招式，無變化而為人所制。望學者舉一反三，知其用法而不拘泥於用法，多行功、勤實踐，發揮人身自然之本能，而其妙則在乎有意識之演練，則可尋到八翻手技擊之奧妙。

　　《八翻手用法解析》一書，編寫完畢，余今能將這個拳種寫出，使不至湮沒失傳，自然就想到諸先師的教誨之恩，諸先師不以其術自私，傳授技藝，尤重品學武德之教益，今人敬佩難忘，前賢師著《岳氏八翻手》書末句語：「凡我同志，發明而光大之，此余昕夕禱祝者矣。」此即

盼為八翻手拳全書出版，以壯益人生，經顯前賢師品德之
高尚。

余今踏私欲獨霸、保守為毫草，繕完前賢師願，可慰
前賢師神靈之安。然諸先師尚有太極拳散手，未能梓行之
遺願。余只有竭盡精力，將其編寫成冊，付梓以廣流傳，
以完先師生前未酬之志，報以諸先師之教誨。編後數語以
志之。

歡迎至本公司購買書籍

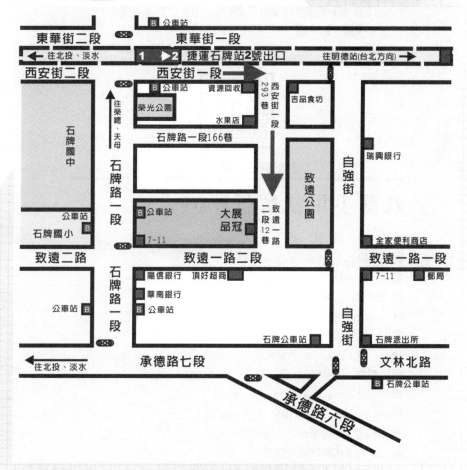

建議路線

1. 搭乘捷運‧公車

　　淡水線石牌站下車，由石牌捷運站２號出口出站(出站後靠右邊)，沿著捷運高架往台北方向走(往明德站方向)，其街名為西安街，約走100公尺(勿超過紅綠燈)，由西安街一段293巷進來(巷口有一公車站牌，站名為自強街口)，本公司位於致遠公園對面。搭公車者請於石牌站(石牌派出所)下車，走進自強街，遇致遠路口左轉，右手邊第一條巷子即為本社位置。

2. 自行開車或騎車

　　由承德路接石牌路，看到陽信銀行右轉，此條即為致遠一路二段，在遇到自強街(紅綠燈)前的巷子(致遠公園)左轉，即可看到本公司招牌。

國家圖書館出版品預行編目資料

八翻手用法解析／劉篤義　著
　——初版——臺北市，大展，2015〔民104.01〕
　　面；21公分——（武術特輯；150）
　　ISBN 978-986-346-052-7（平裝；附數位影音光碟）
　　1.拳術　2.中國
　528.972　　　　　　　　　　　　　　103022613

八翻手用法解析 附DVD

著　　者／劉　篤　義

責任編輯／王　躍　平

發 行 人／蔡　森　明

出 版 者／大展出版社有限公司

社　　址／台北市北投區（石牌）致遠一路2段12巷1號

電　　話／(02) 28236031・28236033・28233123

傳　　真／(02) 28272069

郵政劃撥／01669551

網　　址／www.dah-jaan.com.tw

E-mail／service@dah-jaan.com.tw

登 記 證／局版臺業字第2171號

承 印 者／傳興印刷有限公司

裝　　訂／承安裝訂有限公司

排 版 者／千兵企業有限公司

授 權 者／山西科學技術出版社

初版1刷／2015年（民104年）1月

　　　　　　　　　　　　　　　　定　價／400元

大展好書　好書大展
品嘗好書　冠群可期